Portrait d'un ex-colonisé

Du même auteur

MILANDOU, Michel, (2024)
Autopsie d'un désastre
Thebook Edition,
199 pages
ISBN : 9782322537310

MILANDOU, Michel, (2022),
En DIEU Se Trouve Seulement L'AMOUR
Ou comment vivre sa foi en Jésus.
Évry-Courcouronnes, CesbcPresses,
112 pages.   Format 11 * 18 cm (Livre de poche)
ISBN : 979-10-90372-57-3

MILANDOU, Michel, (2019),

Les origines d'un peuple : les Laris. Histoire et ethnologies
Évry-Courcouronnes, CesbcPresses,
64 pages. ISBN : 979-10-90372-45-0

MILANDOU, Michel, (2008),

Loi de Say et Développement économique e n
Afrique   subsaharienne
Corbeilles-Essonnes, Éditions ICES, 286 pages.
ISBN : 2-910153-53-3

Michel MILANDOU

Portrait d'un ex-colonisé au XXIe siècle

Publication du
Centre d'études stratégiques du bassin du Congo (CESBC)
Association régie par la loi de 1901
Déclarée le 1er juillet 2005 à la Sous-Préfecture d'Évry sous
le N° 0912014021.
Insertion sous le N° 1793 au Journal Officiel de la République française,
Lois et Décrets, 137e année, N° 30, 23 juillet 2005, p. 3718.
N° RNA : W912005326   N° SIRET : 490 641 644 00011

CesbcPresses
Édition associative

Site internet : http://www.cesbc.org
Courriel : cesbc@cesbc.org
cesbcpresses@cesbc.org

Sommaire

I. Prolégomène

Ce portrait est dressé à la demande indirecte de mon entourage. C'est un voyage dans les profondeurs d'une société humaine qui ne cesse de se chercher depuis le temps de l'aurore de l'autogouvernance ; ce qui lui donne toute allure d'un autoportrait.

« Cérémonie en l'honneur de.... Tenue de ville exigée » : C'est ce qui reste de permanent chez ce nouvel individu qui a éclos en lieu et place du colonisé. Cette tenue dite de ville rappelle que c'est dans le vestimentaire, donc l'apparence, que se lit le sérieux, le respect, le savoir-vivre, le projet de société.

L'on pouvait aussi se demander comment arrivait-on à lire dans les apparences ? N'était-ce pas cette faculté qui empêchait de lire la réalité ? Les choses n'étaient pas claires, comme nous le faisaient remarquer des sages du village Mabaya à vingt-huit kilomètres de Brazzaville. Pourquoi, par exemple, les juges dans un tribunal sont différemment vêtus que l'assistance ? Pourquoi la recherche de la vérité est-elle assujettie à cet accoutrement particulier ? Pourtant, dans notre société, la recherche de la vérité, dans un différend entre deux parties, aboutit bien à la vérité.

Ils voulaient satisfaire notre curiosité tant nous leur avions donné l'impression de trop fouiner dans la culture pour en sortir une information qu'on ignorait. Ce qui ne semblait pas du goût des gens du village. Et, pour nous donner une petite leçon de vérité, ils nous conviaient à assister à une séance de justice.

La pensée néocoloniale ne montrant aucune considération à l'endroit des pratiques sociales locales avait rangé ces séances, préalablement rebaptisées de « palabres », dans le compartiment des excentricités sociétales. C'était donc pour nous montrer que, ce que le langage courant, bien formaté par le colonialisme, rangeait dans le tiroir de la tradition, était ni plus ni moins qu'une justice rendue au nom de la société par des personnes dont la loyauté aux règles qui régissaient ladite société était connue de tous. Alors, il s'agissait simplement de session de justice.

L'affaire du jour portait sur un différend sur la propriété d'un lopin de terrain. L'une des parties, la plaignante, impliquait un ancien fonctionnaire de l'enseignement primaire. La partie adverse impliquait un représentant sans éducation anoblissante, ceux que l'on qualifia, sans précaution particulière, de villageois.

Le sens de ce terme n'allait pas de soi : villageois, dans ces circonstances, ne se référait pas au lieu de résidence, en l'occurrence, le village. Villageois, dans l'esprit du colonisé, avait une référence éducationnelle, scolaire, et bien plus ; le degré de « bâtardisation » culturelle, ce qu'on pourrait traduire par acculturation, aliénation, étant devenu la norme dans l'appréciation sociale. Plus on était en phase avec la culture coloniale — ce qui était la spécificité de la ville — mieux, on se sentait élevé dans la hiérarchie sociale. Enfin !

Les parties entendues, le juge faisait appel aux assesseurs. L'un d'eux, dans un gestuel qui, en lui tout seul, inondait d'émotion l'assistance, sur les propos de l'ancien fonctionnaire, rebondissait en ces termes :

- Mais, monsieur le juge ! c'est un intellectuel illettré ?

- Mais, oui, c'est un intellectuel illettré.

Le gestuel aidant, l'impression que cela prenait la forme d'une boutade était forte. L'assistance éclatait de rire. Ce qui assommait l'ancien enseignant. Il était tétanisé.

Notre petit cerveau avait dû faire plusieurs pirouettes dans notre pauvre petite tête, le temps de retrouver tous nos esprits. L'atmosphère était à la pendaison.

Un intellectuel illettré... ?

Que voulait-il dire par là ?

Nous étions entre le rire contenu et l'angoisse de nous faire repérer. Nous nous fîmes bien petits ; car des yeux pointaient déjà leurs regards sur nous, le grand intellectuel supposé. Cela, dans un esprit de vengeance contre le sort, favorable aux uns, défavorable aux autres.

C'est un des sentiments produits par l'école dans ces sociétés colonisées. Un villageois venait de porter un bon coup de massue sur la notoriété de cet intellectuel qui, par le fait de sa casquette d'ancien enseignant, pensait survoler de sa superbe cette séance de justice.

Dans un complot total contre l'intellectuel, le juge, anoblissant dans son intervention les assesseurs, clouait l'ancien enseignant. Il perdit le procès.

Ainsi, nous étions en procès. La scolarité introduite par le colonialisme est ce moment crucial du jugement ; une instance qui évalue - depuis les premières promotions jusqu'à nos jours — les capacités acquises ; elles étaient formées pour transcender le blocage social.

Sur quoi portait l'évaluation ? Là, il faut dire que le diplômé lui-même n'y trouvait aucun intérêt. Et, pourtant !

L'une des leçons à tirer de cette séance de justice était que les référents sociétaux étaient spécifiques à la société. L'intellectuel était illettré par le fait de son ignorance de cette réalité. Son illettrisme était dans son incapacité à déchiffrer les codes sociaux locaux ; ce qui, aux yeux des autres, était le plus grand sacrilège vis-à-vis de cette société qu'il voulait enterrer. Ainsi, à ses dépens, il apprenait séance tenante que la justice n'était pas le droit du colonisateur, que la société — sa société qu'il voulait renier -, avait des codes sociaux qui lui avait assuré sa survie jusque-là.

De l'autre côté de cette illusion engendrée par le colonialisme, on retrouvait un intellectuel qui jouissait de beaucoup de considérations auprès de bien d'autres intellectuels. Il était très méthodique. Ces enseignements donnaient de lui, l'image d'un grand pédagogue. Il reconnaissait avoir été marqué par son passage à l'université de Clermont-Ferrand en France. Une faculté des Sciences Économiques avec un penchant assumé vers le courant de pensée marginaliste ; ce qui supposait une attention particulière sur la rigueur scientifique.

Il tentait dans des conditions bien différentes et moins attrayantes de transmettre à son tour cette éducation pour le bien de la société.

Méthodologie et rigueur le placèrent quelquefois à la lisière de l'organisation de l'enseignement dans ces pays africains ; des pays qui se cherchaient encore sous le charme anesthésiant du modèle qu'offrait l'ancien pays colonisateur.

Tout le Plaisir était pour celui qui passait de très instructifs moments à dialoguer avec lui, à échanger, tergiverser, sur la situation économique du Congo, de l'Afrique centrale. C'était un universitaire avec sa conscience d'intellectuel qui pouvait livrer sur un ton magistral cette réflexion :

- Si nos pays ne s'en sortent pas, c'est parce que nous qui avons la mission d'y apporter le savoir, sommes incapables de bien raisonner, surtout par nous-mêmes.

Il s'élançait dans l'énumération des exemples. Voilà, nous confiait-il, s'en prenant à ses collègues qui se targuaient d'être les spécialistes des questions du développement :

- Ils prennent des positions qui sont trop théoriques, trop globales, alors que le développement, c'est tout de même au plus près des préoccupations sociétales ; prenons le cas de l'exode rural : la théorie dit que la route est un facteur indéniable du progrès. Pourtant, il se trouve, à l'observation, que l'effet de frein sur l'exode rural n'est pas avéré. Bien au contraire !

Du fait des transports améliorés, les individus, souvent les plus productifs en milieu rural, sont tentés à l'émigration vers les pôles d'emploi, singulièrement le milieu urbain. Le progrès des communications a ainsi, selon les cas, une incidence négative sur la production rurale.

Par ailleurs, contrairement aux spéculations théoriques, les prix des biens alimentaires localement produits sont paradoxalement à la hausse. Les productions peu diversifiées ouvrent la porte aux importations qui vont nourrir jusque dans les villages.

La route sait aussi être un vecteur terrible du recul de la forêt. Cette donnée relève d'un constat qui venait s'ajouter aux remarques précédentes. La route, en effet, favorise l'intensification de l'exploitation forestière dans un contexte où les possibilités de diversification des sources de revenus sont quasi nulles dans ce milieu rural ; cette situation se conjuguant à la faiblesse des revenus des ménages en milieu urbain, et à l'inconscience des politiques des prix de l'énergie, expose la forêt à la demande intense du bois de cuisine. Finalement, c'est l'époque coloniale passée que tout le monde se met à regretter. *Ainsi, à vouloir rabâcher les idées des autres, nos diplômes ne servent plus à grand-chose.*

Triste conclusion, néanmoins très descriptive d'une situation violente vécue par la course aux diplômes. Spécialité, non du colonisé, mais de l'ex-colonisé. La rhétorique se serait mieux satisfaite du qualificatif de néo-colonisé. Ce qui est plus simple. Ce n'est cependant pas nécessairement à propos. Il s'avère que dans la situation concrète de ces anciennes colonies, l'action directe du colonisateur n'est plus que très diffuse. Ainsi, on ne saurait s'en contenter. Il est temps de reconnaitre l'indépendance d'action des anciens colonisés qui étaient aptes à produire des idées pour leur société, en se nourrissant de celle-ci. Par ailleurs, les vrais colonisés tendent à disparaître, faisant place nette à leurs rejetons qui pour beaucoup n'ont qu'à peine entendu parler de cette période coloniale. Ils sont nés avec ou après les indépendances, ils sont l'essentiel de l'élite administrative, politique, militaire. Mais, ils sont le produit culturel de leurs géniteurs qui les ont nourris au rêve d'une réussite sociale par l'école et l'administration : ainsi est née la catégorie sociale de l'ex-colonisé pour qui l'histoire prend des allures de l'archéologie, c'est-à-dire un exercice de contemplation du passé, sans plus.

II. Sous la tempête

Les vagues sont d'une telle violence. Le bateau du développement va à la dérive. Il est chargé de produits favorisant la désertification. Les idées de progrès peinent à s'enraciner. Peut-être par la faute de la volatilité de cette notion du développement, en tous les cas par l'impossibilité de sonder l'utopie qu'il recèle.

Le capitaine et les matelots sombrent sous le charme de l'immensité de l'océan. Leurs efforts pour maintenir le navire à flot semblent vouer à l'échec.

Indépendance ! Nous allons construire ! pouvait-on entendre crier. De plus en plus cependant, le rythme Cha-Cha - le seul fait socioculturel vite assimilé en dépit de l'exotisme de son pas de danse -, ne parait plus suffisant ; il y a longtemps qu'il a cessé de galvaniser l'opinion. À présent, il apparaît comme le mauvais choix. En tous les cas, il ne suffisait pas de crier au colonialisme ! pour réaliser son identité ; il ne suffisait pas de savoir s'appliquer à la prose pour prétendre avoir franchi le cap de la maturité.

La culture des slogans paraissait avoir trouvé son champ d'action. Mais le développement n'est pas aussi simplement au bout du slogan. Si tel était le cas, les pays africains n'en seraient plus sous le dictat de l'aide.

Les slogans ont posé un autre jalon : après Indépendance Cha Cha, l'intelligentsia a accouché d'une sonorité plus accrocheuse : on a chanté et on continue de fredonner l'air du scandale géologique.

C'est le temps du paradoxe du scandale. Il semble scandaleux, en effet, que ce continent, avec tant de potentialités naturelles, rime avec pauvreté ; un sous-sol qu'on ne présente plus, tant les occasions de sursauter sont presque sans limites. Un sol que la très grande variété climatique a façonné si avantageusement ; à un point tel qu'il donne le tournis à tous ceux qui la foulent au pied ; et curieusement des sociétés humaines au sort desséché par le voyeurisme du retard économique et la misère qui les enlacent.

Il est arrivé, qu'enivrés par tant d'exubérance, des leaders politiques inventent l'illusion comme instrument de communication. Ils prétendaient que sans l'Afrique — cette Afrique géologique — le reste du monde n'existerait pas.

Comme action en faveur de la fourberie, on ne pouvait pas mieux faire. Cette action était si lourde que même la prétendue science s'en emparait. Le danger était à la porte. La scolarité ne permit pas de s'en apercevoir. La science dans l'actuelle Afrique Noire n'y voit que du feu, à propos de son arrimage au reste du monde. Était-ce cela l'objectif caché de l'instauration de l'école par le système colonial ?

C'est en ces moments qu'on se sent terrorisé. On est terrorisé par les résultats laissés par les moments de sa vie passés à déformer les consciences. Le résultat est là : le cycle de décroissance ; l'involution économique suivie du désarroi culturel et du même coup de la déchéance sociale dans une société qu'il n'est plus aisé de qualifier.

À l'instar d'une vie humaine, l'Afrique ne semble pas vouloir tirer les leçons de sa vie. On aurait pu dire que le système colonial a occasionné des addictions, parmi lesquelles la boulimie de la pauvreté justement, qui favorise la culture du bouc-émissaire. Quand ce ne sont pas les matières premières qui vont faire le bonheur des autres (bien qu'on se garde de souligner que c'est avec la complicité active des nationaux), c'est la monnaie qui, imposée et manipulée par le colonisateur à son seul profit, alimenterait une caisse noire de la misère.

Mais, nous voilà malgré tout diplômés des mêmes écoles que la jeunesse occidentale. Le quiproquo de cet état de choses, c'est ce vide qui semble se profiler entre nous les diplômés africains et eux les diplômés occidentaux. Et, pourtant !

Est-ce parce que, en guise de formation, nous avons plutôt été exposés à une expérimentation, ce qui ferait de nous des souris de laboratoire pour étudier les possibles mutations sociobiologiques ?

L'inquiétude ne serait pas de trop quand on voit cette cohabitation pas toujours pacifique entre deux mondes au sein du diplômé africain. Une cohabitation qui a généré des prétentions, a suscité des envies, a permis des célébrations.

On a souvenance des prétentions d'un pédagogue attitré pour l'Afrique noire francophone. Il s'agit d'André Prosper Davesne[1]. Il avait la dextérité et l'autorité nécessaires pour raconter la vie quotidienne dans les villages africains à nous, petits Africains. Il la transformait en contes qui nous étaient enseignés, tantôt sous forme de chants, tantôt sous forme de prose récitée. Il jouait sur l'enthousiasme des enfants que nous étions, pour susciter en nous l'éveil de la conscience nationaliste et africaniste.

En Afrique centrale, les contes portaient surtout sur le quotidien de la vie dans les villages ouest-africains. — On n'a jamais eu la présence d'esprit d'en parler avec les ressortissants de cette zone de l'Afrique pour savoir s'il en était autant pour eux. Ce n'est pas faute d'en avoir eu l'occasion.

Au contraire ! Mais l'opportunité des rencontres entre Africains en Occident émoussait tout désir de s'informer, surtout sur un tout autre domaine que politique.

Cette opportunité n'en était pas une en réalité, bloqués que nous étions sur l'idée de notre avenir prestigieux. Et, donc, rien d'autre ne nous intéressait.

Le pédagogue André P. Davesne avait été responsable de l'académie de Dakar. C'était un colonial, français de la métropole. À en juger par ses publications pédagogiques, l'administration coloniale avait une préférence ouest-africaine bien affichée. Peu de récits exprimaient le quotidien des Africains du centre. Mais, on s'y faisait.

Nous n'étions que des enfants que le système colonial tenait à dresser, à façonner. C'était le rôle de l'école. Voilà dans une première vie expérimentale.

Cette action de la scolarisation créait le conditionnement. Ainsi, quand arrivait le moment tant espéré, celui du départ pour l'étranger, ô que le monde était beau.

Sur le banc de l'école de l'enseignement supérieur, il y avait comme un éveil foudroyant. Les prétentions, et encore les prétentions qu'on ne cessait d'afficher. Il faut dire que l'environnement culturel et intellectuel dans les pays occidentaux était propice à l'émergence des prétentions. Un foisonnement qui nous faisait oublier la précarité de notre situation. Elle déstabilisait notre être. Mais nous n'en étions pas conscients. Nous étions pris dans les rets de l'idolâtrie. L'expérience qu'on vivait à ce moment-là n'était pas des plus passionnantes.

L'idolâtrie est un danger, non seulement grave, mais surtout très pernicieux. Il rend aveugle tout en continuant à faire croire le contraire. De plus, il formate l'esprit à l'imagination ; c'est la dengue. Ainsi, donc, tour à tour, on a prétendu venir à bout de la pauvreté, de l'analphabétisme, de l'immobilisme, bref, pouvoir pousser le progrès à l'aide de la main qui avait désormais la maîtrise du stylo.

C'est un rêve total. Puis, rien. Tout cela est tombé comme une pâte à beignet mal préparée.

Les prétentions n'ont pas survécu à l'épreuve de la réalité. Un mot encore peu réaliste, un mot qui inquiète parce qu'il est peu expressif du ressenti.

Oui, les prétentions n'avaient pas su se caler sur le vrai. Elles étaient accordées sur le factice. À dire vrai, elles étaient démesurément prétentieuses. Par la faute d'une trop rapide et facile assimilation des contes de Davesne que venaient perturber aussitôt les fables de La Fontaine.

Le pari était trop fort, le temps trop bref. Quatre siècles au moins d'évolution soutenue en Europe — si on se limite au fameux siècle des lumières — qu'il fallait compresser pour un saut socioculturel, technique et économique par ces sociétés africaines, n'était-ce pas là un pari trop osé ?

On avait cru qu'on pouvait passer facilement du pagne en raphia au costume en coton ou en laine. Là encore, bluffé qu'était le colonisé, s'attachant à l'apparence physique pour déduire les apparentes capacités. Et, la totale ressemblance poussa la société dans l'adoption de son accoutrement. D'essayer de porter le costume — ce qui allait fort bien — en apportait la preuve.

Bref ! Le tort - s'il y a tort - était à part partagé. Il revenait aussi au système colonial de clarifier sa position. Celle-ci était ambiguë. Son aventure était ambiguë. Entre le désir de possession des richesses et la mission civilisatrice, le courant ne semblait pas passer avec facilité. Par exemple, lorsqu'il rattachait la productivité du travail au fait de s'habiller en prenant modèle sur lui-même, le colon. La nudité ou la semi-nudité, si elle pouvait gêner les pratiques religieuses coloniales, en quoi pouvait-elle contrarier le rendement du sol ou la productivité du travail dans l'exercice de la cueillette de toutes sortes ? Voilà qui était ambigu.

C'est à n'en pas douter là qu'est la source des problèmes africains. Mais, c'est sans excuse. On ne cherche pas à justifier, même sous forme infuse, toute responsabilité des Africains eux-mêmes. Celle qui entraîne dans un mouvement logiquement impossible, mais concevable du point de vue des idées, poussé que l'on puisse être par le sentiment d'honnêteté.

Il est arrivé parfois que des regrets montent de la situation misérable dans ces sociétés humaines. Regretter son aliénateur. Oui, la nature a parfois ses caprices.

La nature est parfois ambiguë. Et, dans ce cas, pourquoi des investissements de développement sont-ils devenus des investissements de malheur, là est le problème. Se projeter dans le futur à partir du passé, adossé au présent, pour se retrouver en fin de compte dans le passé, voilà une prouesse que peu de sociétés humaines pourraient revendiquer.

On se retrouve à se perdre dans le temps et pourquoi pas dans l'espace. Oui, le plus improbable, c'est que, quoi qu'on en dise, nombre de pays africains sont revenus du futur.

On va objecter que ce n'était pas le leur. C'était celui du système colonial. Bien que les actions coloniales portassent sur une aire bien connue. Par la violence, souvent symbolique, qui a succédé à la violence physique. Comme par un réflexe de survie, la société africaine a paru s'attacher aux choses du colon, jusqu'à les faire siennes. Alors pourquoi cette Afrique semble faire du surplace ? Pourquoi paraît-elle détester d'un autre côté la pérennité ? Le chemin de fer, n'était-ce pas le futur avec ses bouleversements tant au niveau de l'espace qu'au niveau de la démographie ?

Celui du Congo fut un grand chantier intercommunautaire ayant fait appel à une main d'œuvre sur tout l'espace de l'Afrique centrale et un peu au-delà. Il ressuscita ici les vieux clichés sur l'homme noir : le physique était le premier critère de sélection. Voilà comment les tribus tchadiennes payèrent d'un lourd tribut la réalisation de ce projet colonial : les individus de ces tribus étaient de belle taille et d'un physique créant l'impression de véritables athlètes du travail. Ce projet remplissait d'abord ses ambitions coloniales, mais créait aussi involontairement l'ambiance de brassage ethnique.

Bref ! De ce futur, les peuples de la zone aménagée par le chemin de fer, ces peuples qui ont vécu le mirage de l'espoir d'un futur radieux, se retrouvent aujourd'hui dans leur passé devenu leur nouveau présent.

On ne peut qu'être vraiment terrifié à l'idée de penser qu'on a vécu une telle période. Mais, c'était une étape dans la vie. Celle de la famille, puis de la nation. Voilà comment on est allé exhumer une idée très vieille, oubliée, tant l'ambiance est sereine et suffisamment forte pour enterrer la conscience.

Une idée à la saveur peu suave pour nombre d'Africains à l'optimisme un peu dérangeant. Cette idée était de nous ramener vers nous-mêmes, ne serait-ce que pour voir jusqu'à quel point nous nous sommes affranchis de ce mal qui nous ronge depuis, qu'Albert Memmi[2] a été le premier à diagnostiquer.

Il avait diagnostiqué, et ce diagnostic contenait en lui-même des solutions. Les avions-nous perçues ? Le fait que nous soyons encore tentés par cette exhumation, paraît, à suffisance, apporter la preuve que ces solutions contenues dans le message sont demeurées dans l'opacité. L'auteur, l'eut-il voulu ainsi ?

Quoi qu'il en soit, le travail de réveil de conscience avait été entrepris[3] ; aux autres incombait la tâche de s'en approprier pour son accomplissement. Le quotidien semble témoigner de tout, et surtout du contraire.

III. Hier comme aujourd'hui

Un colonisateur religieux demandait à son obligé de converti de l'accompagner se promener sur la plage[4]. C'était un matin d'une journée tout ce qu'il y avait de plus banal dans ce pays tropical. L'océan Atlantique rugissait. La plage, pas plus spéciale qu'une autre, était squattée par les crabes.

Le colonisateur s'arrêtait, fixant son regard sur un objectif qui ne parut pas évident pour son obligé. Puis rompant le silence qui les avait enveloppés jusque-là, le colonisateur, la Bible dans sa main gauche, à hauteur de sa poitrine, dit :

- « Marcel ! Vois-tu ce crabe ? Il avance, il recule, va à droite, va à gauche. Tu vois ! C'est ça l'avenir de ton pays ».

C'était sept ans après la proclamation d'indépendance du pays, et toute la journée l'unique radio nationale ne cessait de vilipender un hypothétique ennemi du peuple, cousin de circonstance de l'étranger à plusieurs facettes. Il faut dire que le colonisateur religieux en avait après le pouvoir politique local, lequel venait de faire preuve d'imprudence condamnable en décrétant l'expropriation et la nationalisation de l'enseignement.

Les écoles et les établissements scolaires — propriétés des confessions religieuses — étaient saisis. Tout cela sans indemnisation : du banditisme d'État !

L'autorité de l'État se sabordait par cette action en faveur du refus d'assumer désormais la fonction régalienne de la sécurité des biens et des personnes. Par ailleurs, il ne tint aucun compte de l'investissement financier que cela représentait. Pour le colonisateur religieux, ce pays venait de signer son coma pour longtemps.

L'atmosphère générale était aux regrets de tous genres par divers individus. Mais, certains autres apprécièrent autrement ce choix politique. La laïcisation de l'école ne pouvait être qu'un principe rempli de noblesse, car, il portait en lui le gène de l'égalité des chances pour tous. L'instruction pour tous en respectant les choix socioreligieux et politiques de chacun. On était tenté d'applaudir l'élite politique.

Il vint, plusieurs années après, la rencontre fortuite entre deux anciens collègues d'école primaire que les opportunités de formations avaient séparés. Il faut dire que cette politique gouvernementale de nationalisation du système éducatif affichait comme objectif principal la maîtrise des outils de son autonomie pour mieux asseoir son indépendance.

Le pays s'engageait dans une voie politique qui prônait la rupture. L'ancienne métropole se voyait retirer la préférence nationale que l'histoire, semble-t-il, commune lui avait attribuée. Les étudiants du pays prirent toutes les directions possibles pour leur formation. Mais, les accointances idéologiques guidèrent tout de même dans le choix des centres de formation. Là encore, ce n'était pas mal en soi.

La diversification des centres de formation pouvait être un atout majeur pour le pays. Ce qui s'apparentait à la période Meiji au Japon, qui procura beaucoup de dynamisme dans la société japonaise du XIXe siècle. Mais la comparaison s'arrêtait là. Car, dans ces pays ex-colonies, cela allait s'avérer constituer un véritable goulot d'étranglement.

Ô Afrique noire de tant de mystère !

Ainsi, ce fut le sujet de conversation de ces deux anciens collègues de classe qui s'étaient perdus de vue des années durant. L'un d'eux se présentait comme économiste ; il professait dans l'enseignement. Ce qui sembla susciter la curiosité de l'autre.

Ce dernier, prenant la parole, livrait son assentiment pour cette qualification. Il dit qu'il ne comprenait pas que ce pays au nombre de diplômés si impressionnant — toutes disciplines confondues – n'avançait pas malgré tout. Comment l'expliquer ?

Heureusement pour eux qu'ils ignoraient tout de la boutade du crabe du colonisateur religieux. Mais, l'économiste ne tenant pas à se faire marcher sur le pied, répondait que le problème du pays pouvait se résumer par l'expression : « le syndrome du colonisé ».

Le centre d'enseignement supérieur du pays était le seul centre d'enseignement supérieur de six pays africains à ce moment-là.[5] Les enseignants étaient tous exclusivement des colonisateurs. Leur niveau de qualification parfois prêtait à confusion quant aux normes admises pour professer à ce niveau. Ce qui allait faciliter la tâche aux prétentions de ces diplômés ex-colonisés.

Le plus important était ailleurs, cependant ; ce qui pouvait justifier que des diplômés moyens interviennent à ce niveau de l'enseignement supérieur. Par leur stature, ils avaient su obtenir qu'aucun problème de reconnaissance de cursus ne puisse pas s'opposer à la poursuite des études dans l'ancienne métropole. Ce qui constituait en soi un risque, car cela fit croire à ces étudiants ex-colonisés que le diplôme seul suffisait pour être maître de l'enseignement.

Bien nombreux sont ces étudiants qui parièrent sur la vie idyllique des colonisateurs dans leur pays ; ils se cabrèrent sur l'idée que les jours du colonialisme étaient comptés par le fait sûr et puissant qu'eux, étudiants, repartiraient chez eux avec le titre très honorant de docteurs es « ex-colonisés ».

Ce qui se réalisa. De la manière la plus banale pour des personnes banales qu'elles étaient, mais qui crurent en leur transmutation.

Déjà, plus tôt, au tout début des moments de l'indépendance, ces diplômés passèrent leur temps à des vindictes épuisantes qui les conduisirent à se chamailler pour avoir la primeur dans la considération. Puis, lorsque la grosse vague des diplômés déferla sur le pays, les contrats d'enseignants expatriés - les anciens colonisateurs - étaient tout simplement déclarés non renouvelables. C'est là que tout allait basculer. Toujours et encore la boutade du crabe.

Ainsi, encore du « syndrome de l'ex-colonisé ».

Après un demi-siècle passé comme pays souverain, l'héritage colonial était effacé. Ni l'industrie légère, ni les voies de transport n'ont pas pu survivre à la gestion nationale. Le bilan d'une entreprise n'était plus établi que pour s'assurer de la chute quasi libre de la vie entrepreneuriale.

Partout, les nationalisations soutenues par le poing levé faisaient des ravages. Mais on acclamait. Au niveau d'autres institutions étatiques, ce n'était guère reluisant. L'armée était proclamée « fer de lance de la révolution » ; sa mission première devenait la sécurisation du pouvoir contre des prétendus ennemis à l'intérieur.

Sous la bannière militaire, l'administration accomplissait son devoir. L'éducation devenait aussi la continuité de la prison, où certains jeunes individus trop turbulents au goût du pouvoir étaient envoyés pour purger leur peine. La révolution lui trouvait une expression, tout ce qu'il y avait de plus équivoque et paradoxal :

« Affecter à la production ».

La justice était politisée. Le système de santé lui aussi devenait le coin où l'on casait un neveu, une nièce, une cousine, trop gagné par le syndrome du mimétisme. Tout chutait.

En pleine ville, la course à l'eau potable courante provoquait des regroupements que la police soupçonnait parfois d'être des centres de réveil politique. Les lampadaires, quant à eux, étaient un avant-goût du modernisme berçant auquel rêvaient les victimes de l'exode rural. Au moment où ils étaient attendus pour le mirage de la modernité, la nuit sembla si noire. Les habitants de la ville, eux, n'en avaient que foutre. Dans certaines zones, là où peu de touristes ont la chance d'accéder, ils pouvaient rester sans éclairage une année durant. Voilà de la boutade du crabe.

L'enseignement universitaire se préoccupa de distiller des connaissances à u t i l i t é nulle l o c a l e m e n t. - Le bémol dans cette appréciation vint de la révolte de la conscience du Professeur Diata H. qui l'incita à innover par l'introduction de la discipline de l'économie du développement. Une toute petite révolution dans l'esprit de l'analyse économique, mais une grande révolution pour l'espoir de toute une société dans la formation -. Et pour cause : les enseignements étaient conçus comme une tribune pour recueillir le prestige tant recherché. Les enseignants jaugeaient leur compétence par la capacité d'adaptation de leurs étudiants dans les universités occidentales.

Ainsi, o n avait mis fin aux contrats expatriés pour assurer soi-même la continuité de l'œuvre. L'enseignant national s'en sentit bien dans sa peau ; d'autant plus que cela lui assurait un zeste de prestige dans la société. Qu'un ancien étudiant de l'université revienne de l'étranger avec, dans ses bagages, des photocopies des œuvres de ses maîtres occidentaux, que l'enseignant national se précipitait pour une séance d'autosatisfaction. Au tableau, on ajoutait un trait.

C'était donc un élément d'autoévaluation. Mais la réalité, c'est qu'au fil du temps, ces témoignages devenaient très discrets. Et localement, toutes disciplines confondues, les étudiants avaient beaucoup de mal à apporter la preuve de leurs compétences. À vrai dire, pour tous les étudiants, la réussite était mesurée au train de vie que l'on pouvait e s p é r e r mener. Curiosité de la nature ou du tempérament africain ?

Cependant, plusieurs années après, au vu des situations nationales sur les autres continents, singulièrement l'Asie, certains de ces diplômés étaient pris de remords. Un éveil de la conscience patriotique, un sursaut d'orgueil de diplômé. La mission était ambiguë dès le départ. C'est à ce moment-là qu'on entendit s'élever des voix stigmatisant le système éducatif qui serait inadapté, et donc inapte à l'éveil des intelligences.

La stigmatisation était peut-être à propos. À quoi les cycles de philosophie, de littérature, de droit, de l'économie politique et de la médecine, la biologie, les mathématiques e t la physique, p o u v a i e n t servir ?

Lorsque, assemblés pour évoquer cet aspect de la critique envers le système éducatif, un enseignant de lettres osa poser la problématique de la qualité de l'enseignement des sciences dites exactes, ceux de ses collègues qui en prétendirent posséder les compétences se levèrent et sortirent de la salle en guise de protestation.

Provocation ou tentative de suicide collectif ? Selon eux, cette question ne pouvait pas se poser à propos des sciences exactes dont le caractère universel n'était plus à démontrer. En tous les cas, ces sciences sont exactes parce qu'elles ont la particularité d'être homogènes partout et stables dans le temps.

Personne n'avait pourtant l'intention de s'attaquer à la loi de la gravité, ni au processus chimique dans la nature. Le fait que l'aspirine agit sur tous les organismes humains, quel que soit le site géologique et géographique, interdit la contestation quant à l'universalité des sciences dites dures. Ce qui ne semble pas vrai pour le reste.

En effet, si l'étudiant en droit dans ces universités africaines au sud du Sahara ne se pose jamais la question sur la finalité des études dans lesquelles il s'est engagé, c'est par anesthésie de sa personnalité. Parce que dès la première leçon dans cette discipline, il est bien dit que le droit est issu de la coutume. Mais, se projetant dans le futur radieux qui s'ouvrirait devant lui, embrassant la carrière d'avocat ou de magistrat ou autres, l'expression « issu de la coutume » lui est indifférente.

Une préoccupation si évidente devait être présent à l'esprit : elle ne le fut jamais, ou presque. Elle portait sur la propriété. Qu'est-ce que la propriété ? S'étant abandonné sous le charme des nouveaux métiers et le paraître, cette question essentielle dans l'organisation sociale avait été tout bonnement laissée à la volonté coloniale. Le droit sur ce point s'était calé sur la volonté légaliste de la colonisation qui de ce fait expropriait les premiers occupants.

L'économie politique et le droit sont deux disciplines cousines. Cette relation est marquée du sceau de leur évolution. Ainsi, les croyances les concernant pouvaient tenir aux mêmes procédures.

Les tenants de l'analyse économique ont les mêmes prétentions. À coups de slogans et de parti pris, ils proclament détenir des vérités-clé pour le progrès et le bonheur national. Pourtant, devant la faillite des entreprises, leur attitude est de marbre. Celle-ci trouve grâce à leurs yeux, en ce qu'elle leur permet d'occuper la scène d'où on balance des slogans qui ne les engagent en rien.

On ne pouvait pas poursuivre dans cette voie de l'actualisation de l'utilité des savoirs accumulés. Parce que certaines sciences ne doivent leur bonheur qu'à la capacité d'écrivain de leurs praticiens. Mais le problème n'est pas là.

Pourquoi ne sommes-nous pas à même de satisfaire la demande nationale en expertise pour comprendre l'évolution de la nation ?

On aurait pu se contenter d'observer. L'observation de la configuration du système éducatif ailleurs. Dans l'ancienne métropole, dans les autres nations occidentales et non occidentales.

Les besoins de l'évolution sont, à l'instar des individus, irascibles contre les théories. On admet que les idées sont le ferment de l'évolution et que leur théorisation est le bon résumé pour l'éducation. C'est là que naît l'école. Mais l'évolution sociotechnique et économique n'est pas exclusive de l'école. A moins de considérer l'école non pas dans sa forme institutionnelle connue, mais comme moment de transmission.

C'est la curiosité qui est à l'origine de l'évolution technique. Elle fait appel à l'observation, laquelle qualité est à l'origine du désir d'évolution au travers d'une organisation nouvelle de la production. Ce que l'on qualifie de capacité d'initiative qui caractérise l'entrepreneur, est redevable de ces deux qualités humaines. L'école, la formation, sont seulement des facteurs de résilience. L'entrepreneur naît de la société humaine et l'école peut favoriser cette naissance.

L'observation a été à l'origine de l'émergence de la pensée économique en occident. Ce qui a pris forme universelle n'est qu'en réalité exception sociétale et sociale. C'est érigé en système de pensée que cette exception sociétale s'est envolée pour conquérir des espaces nouveaux et prétendre à l'universalité. L'assaut des aires humaines nouvelles est un moment de tant de problèmes, au sein surtout des aires conquises.

Contre toute attente, le premier problème à résoudre est la tentation de la gloire sans objet. Le système éducatif ne peut rien parce qu'il ne produit que l'effet désiré par des élites qui sont pour la gloire. Ce n'est donc pas l'école qui serait mal objectivée dès les origines par le système colonial. Parce que cela aurait pu être corrigé facilement. S'il ne l'a pas été, il faut se tourner vers les compétences locales. Il faut peut-être interroger la propension de l'Africain noir à l'immobilisme. Il faut interroger la structure sociale qui semble ne pas avoir un besoin pressant de mouvement. Mais il faut peut-être aussi éviter le piège d'une découverte inédite ; car l'immobilisme supposé peut être une réaction normale à la pression coloniale. Enfin !

Sombre, est ce tableau. Comme système, le colonialisme avait tant espéré ne pas disparaître. Et cet espoir avait sa raison d'être. L'école était l'objet de son espoir. Elle a continué à le faire vivre par la discrimination qu'elle a su insuffler dans la société.

L'émancipation tant espérée s'est muée en production d'injustices. Au fil du temps, les diplômés se sont accaparés de l'enseignement comme dans un contrat de mariage, pour le meilleur et pour le pire. Le meilleur pour eux, le pire pour la société. Regardez comment les prétendus formateurs ont su développer le sentiment de méfiance à l'égard de l'école nationale. Ils ne se sont pas abstenus de reproduire ce comportement colonial qui avait conçu et réservé l'enseignement local pour les indigènes. De nombreux enseignants de l'enseignement supérieur pouvaient exhiber leur joie pour le fait de l'exil scolaire de leur progéniture.

Comme par le passé et pour le reste de la société, il n'y avait que du bonheur d'avoir réussi l'exil dans le pays colonisateur. C'était un moment de prestige social : avoir son enfant qui étudiait à l'étranger était signe de réussite sociale.

Jusqu'à une époque récente, cela était encore vrai. Il l'est peut-être jusqu'à ce jour. L'exception pouvait venir de la formation en médecine. Mais était-ce vraiment une exception ?

Aux frais de la société, le corps national des médecins s'était engagé dans une stratégie de reproduction corporative. Il s'agissait ni plus ni moins qu'à donner naissance à des lignages de médecin. Pour ce faire, un concours d'entrée à cette formation soigneusement préméditée, donnait la priorité aux candidats dont l'un des parents était médecin.

C'est donc cette stratégie de reproduction corporative qui était à l'origine de cet apparent patriotisme chez ce corps de métier.

C'est à croire que l'école n'avait pu remplir sa mission que sur le plan social : apprendre à la société tout ce qui pouvait le prédisposer à la distraction, à l'immobilisme, comme le truculent mouvement de la sape et on en passe. Mais surtout, c'était à se demander si le blocage du développement n'était pas une politique consciencieusement mise en place et vigoureusement soutenue par les diplômés et les scolarisés pour mieux asseoir l'exclusion et la différenciation sociale.

Le monde est parfois bizarre !

IV. Quand l'histoire nargue

Le fait marquant de l'histoire de la rencontre entre deux civilisations dans cette Afrique noire se situe sur le plan architectural. Si le sous-développement a un point de départ spécifié, il ne peut être qu'ici. Car, l'architecture a permis de jauger les capacités réelles de la reproduction sociale. L'architecture, c'est le miroir dans lequel la société africaine se mirera bien longtemps. Elle allait se découvrir.

Pourquoi avons-nous été colonisés ?
Si certaines intelligences se sont posées sous cette forme cette question, se plaçant ainsi du côté du colonisateur, la réponse, elle, n'est pas tout à fait dans le sens attendu.

Elle ne s'embarrasse pas de la logique et tend à frapper fort, affirmant que c'est pour nos matières premières. Dans le fond, cette accusation ne pèse pas lourd. En effet, toute occupation d'un espace donné est toujours motivée, le plus généralement, dans le but d'en tirer un profit quelconque. La colonie d'exploitation n'est donc pas une exception.

La particularité dans le cas de la colonisation européenne sur des territoires extra continentaux déjà occupés, où s'exerçaient des civilisations et leur culture, se situe non dans l'exploitation des matières de toute provenance, mais dans la manipulation de l'esprit pour remodeler l'individu dans le sens de cette exploitation. C'est cela qui devrait nous préoccuper, mais qui ne l'est pas.

On avait à cœur de résoudre au moins en partie cette équation coloniale. Ce qui nous emmena vers cette personnalité de premier plan de la presse congolaise, B. Mackiza[6], né dans les années trente du siècle passé, et avait connu le visage assez dur du colonialisme ; ce qui lui permit de poser cette question à laquelle il apporta les réponses suivantes :

- La colonisation est d'abord ce moment du déclenchement de la guerre culturelle, dont la motivation est l'anéantissement des cultures locales. L'arme la plus efficace dans ce schéma est l'école. Aussi, ne devrait-on pas s'étonner de la tournure des événements en dépit d'une scolarisation massive : le fait qu'aucune objection ne se soit élevée contre l'exploitation.

- L'école ne pouvait pas conduire à ce que l'on aurait souhaité. C'était comme une usine à produire un statut nouveau qui ne s'apparentait à rien dans ces sociétés humaines où le travail était la vie et la vie était au travail, ... Cinquante mille jeunes sortaient du système scolaire chaque année dans un environnement fermé où la demande de main d'œuvre dépassait à peine cinq mille unités.

Une première conséquence à ce déséquilibre forcené, c'est l'irruption de la violence qui allait prendre corps désormais dans ces sociétés. Une violence résultante d'un héritage revendiqué, mais non assumé, d'un certain nombre de choses qu'on ne maîtrisait pas du fait d'absence de leur lien avec un socle culturel local.

- L'école devait préparer au diplôme ; ce qui a favorisé le zèle au travail, l'unique vraie leçon retenue du colon, qui faisait du colonisé un individu plus royaliste que le roi.

- L'école ne prépare qu'à des diplômes ; elle ne prépare pas à la vie. Les programmes tracés étaient suivis sans aucune référence à la société locale. Ce qui s'apparentait à un conditionnement pour une vie prétendument meilleure, vu l'atout principal qui était le sien, le revenu fixe et pérenne.

Cet atout était la véritable motivation à la scolarisation. Les jeunes gens avaient vu là l'opportunité de fuir le travail agricole si ingrat à leurs yeux. Il fallait avoir un petit emploi qu'on ne pouvait avoir qu'en ville. D'où il fallait être à Brazzaville ou tout au moins être dans un centre organisé autour de la présence administrative coloniale.

La colonisation imposait un programme et on faisait avec. Aucun espace n'était laissé pour toute ambition, surtout pas celle d'en faire un élément d'émancipation. Tout au plus l'émancipation devait être cet état d'assimilation qui devait déboucher sur une immersion totale dans la civilisation occidentale.

Parmi les comportements d'immersion, on compte l'apparition de la défiance dans la parole donnée, expression du contrat, pourtant mode de règlementation sociale efficace, contre la preuve par l'écrit, avec la marque d'une autorité qui en certifie l'exactitude et lui donne toute autorité : le titre foncier : quelle validité socioculturelle ?

Vers mil neuf cent quatre-vingts, l'idée nous vint d'aller vers l'exploration de l'habitat comme atout du développement. Nous étions loin de nous imaginer de l'importance de ce fait social dans le progrès général. Mais, c'est aussi celui aux enjeux multiformes. Il est celui par lequel passe le blocus imposé à l'émancipation.

Comment cela aurait-il pu en être autrement ?

Des œillères sur nos yeux, nous ne pouvions voir le danger que recelait l'habitat pour l'organisation sociale et plus tard pour ce qu'il pouvait faire basculer dans la problématique écologique. Une seule chose intéressait : le nouveau confort qui accentuait la valorisation sociale. Alors, il fallait y aller avec la perspective d'un bien-être lui aussi nouveau, et c'était tout.

L'école et l'habitat, les deux éléments d'une stratégie d'attaque aux effets de dilution qui continuent jusqu'à nos jours à déterminer la toxicité par le démarchage qu'ils ont entrepris en faveur du bien-être à l'européenne.

Nous étions sans référence notoire sur l'habitat ; ce sur quoi l'école nous a révélé que tout fait marquant à ce propos était bien daté. Nous étions sans histoire architecturale propre ; donc, pas d'atermoiement à ce propos ; tout doit être occasion de satisfaction et d'exploitation, l'introduction de cette architecture devant être convertie en occasion de faire des affaires.

Le fait social qui eut marqué le colonisé en visite en métropole, c'est l'habitat. Du début du XXe siècle jusqu'au début de ce XXIe siècle — un siècle durant – le colonisé, puis l'affranchi, reste subjugué par l'habitat européen en Europe. Et, c o m m e n t !?

Visitant les châteaux français, que n'avions-nous pas remarqué le regard sur nous porté par les autres visiteurs ; un regard presque inquisiteur, souvent moqueur, d'où paraissait se dégager le défi, la démonstration de la suprématie de la civilisation. Le nôtre s'attelait à s'attacher à l'histoire, et croisait à peine — subrepticement – celui des autres, les dominants par leur civilisation supérieure par des preuves tangibles. De là d'où on venait, de notre Afrique noire, terroir de nos ancêtres, l'histoire de l'habitat était le plus souvent rendue par des témoignages d'un type particulier : la présence des arbres fruitiers laissés à la merci de la nature.

À l'époque d'une jeunesse marquée par la contestation politique et écologique, où la théorie de l'écodéveloppement émergente tentait péniblement à se frayer une place dans l'analyse socioéconomique, un doctorant tendit à voir dans la présence de ces arbres fruitiers abandonnés, le signe de la capacité des habitants à favoriser la reforestation.

C'était l'époque. En dehors de ces arbres, il fut vain de chercher une trace du fait technique de l'habitat.

C'était angoissant de s'imaginer le néant pour notre société. Comment, sans architecture, on pouvait asseoir une culture qui pouvait présenter une capacité réelle de résistance face à une culture étrangère à vocation expansionniste ?

La tâche parut tout à fait impossible. Parce que l'architecture produit l'habitat qui est le socle culturel le plus fiable et le siège du pouvoir d'organisation sociétale.

L'Habitat est le point de rencontre des transformations sociales subies. C'est par l'habitat que l'on juge soi-même la qualité des transformations sociales et sociétales accomplies. En cela, l'école en soi n'est pas plus néfaste pour la société colonisée que l'habitat.

Que dire ! C'est le vécu au quotidien du colonisé en Afrique noire. C'est le reflet d'une réalité claire-opaque. C'est le paradoxe essentiel, à ce qui semble, à qui toute vie est conditionnée. C'est le champ de lecture par excellence du processus du sous-développement.

D'abord, les transformations sociales : c'était l'aspect le plus visible dans ces sociétés humaines. Elles étaient envahies par des objets d'usage courant dont les noms, bien que difformes linguistiquement, ne posaient plus aucun problème. De temps à autre, les vieux s'amusaient à tester les connaissances des jeunes en leur demandant de donner le nom de tels ustensiles de cuisine par exemple. Devant l'air perdu de ces jeunes, ces personnes âgées se délectaient ; ils apprenaient à leurs descendants que malgré les apparences, nos sociétés avaient aussi leurs ustensiles qu'ils nommaient autrement que les nominations actuelles. La colonisation pour ainsi dire s'était seulement imposé sur des aspects de notre vie quotidienne. Mais, elle s'est imposée de manière irréversible.

Ainsi, la société en Afrique noire subsaharienne a subi de nombreuses interventions extérieures, des influences fortes, qui ont eu pour conséquence une altération de son évolution.

Aucune prétention sur la méthodologie la mieux appropriée n'est émise. Mais, le fait que le nouveau quotidien apparaisse comme propre à la société, n'est pas non plus suffisant pour s'affranchir de cette exigence. Cela étant, il est aussi surprenant qu'un simple vocabulaire issu essentiellement de ce contact culturel fasse le lit de quelques prétentions sur le savoir être. C'est aussi là l'un des foyers d'entretien de ces transformations sociales : quand l'intelligence refuse de se détacher, se défaire de la violence symbolique en épousant les yeux fermés les nouveaux préceptes régissant la production et l'échange dans la société.

En somme, l'habitat est cette figure qui éclaire la lanterne de la voie à suivre. Parce qu'il est le condensé de la vie.

Il est surprenant de voir qu'en Afrique noire même, les individus sont peu inquiets du futur. Les expressions courantes du langage ne font pas référence au développement. La conscience du sous-développement n'est pas développée. Jusqu'à un point tel que le bien-être — ce qui est activement recherché — n'a aucun rapport avec la communauté. L'holisme, cet état d'esprit qui est de porter une attention particulière sur la communauté sans laquelle son propre bonheur serait uniquement totale chimère, est absent. Ce qui contraste furieusement avec les présentations idylliques de l'ethnologie.

Revenons à notre vécu et observons. Constatons qu'il n'y a aucun crime à reconnaitre que le marché n'est pas exclusif des pratiques sociales européennes. En Europe non plus, l'affirmation d'une autonomie des phénomènes économiques n'est pas si évidente. Disons plutôt que le travail ardemment mené pour imposer la « prédominance très marquée des causes et des manifestations économiques du développement », a constitué l'une des plus grandes victoires méthodologiques dans l'histoire. Son retentissement, chez les peuples colonisés, ne pouvait être que réel. D'autant plus que les besoins même les plus fondamentaux ont subi une altération dans leur mode de satisfaction : du fait surtout d'une nouvelle fonction de préférence, essentiellement sous l'influence du fait monétaire nouvellement apparu dans cette sphère socio-économique.

Ce langage n'a rien de terrible. Sur ce point — il y en a d'autres aussi — l'économiste n'a fait qu'épouser la forme de la pratique sociétale et sociale : chaque individu prend des décisions sous l'influence principalement du revenu dont il dispose. Ce sont ces décisions qui font la préférence, c'est-à-dire l'option pour un choix déterminé et définitif. L'habitat est cette finalité du revenu qui donne à la fonction de préférence une allure schizophrène tout à fait accomplie.

Ce que certains qualifient de babioles dans ce processus d'intoxication sociale, trouvent leur repos dans l'habitat. L'usage d'objets différents impose des attitudes différentes. Ceci transforme la société humaine. Mais cette transformation n'a pas toujours été linéaire en ce que certains objets pouvaient changer de destination. Un changement qui pouvait conduire à une sorte d'hilarité tout observateur étranger. Un choc qui laissait insensible le colonisé dès lors qu'il en retirait un profond degré de satisfaction.

L'habitat induisait un comportement monétaire nouveau. Certes, la monnaie n'était pas une nouveauté. C'est son dynamisme qui est cause de la révolution culturelle. L'apparition de la nouvelle monnaie, celle qui constitue le moyen de circulation dans les échanges de nos jours, a eu des effets considérables au niveau de l'individu et de la société. Son apparence dégageait une certaine magie ; on n'en comprenait pas le sens ; tantôt sous forme papier, tantôt sous forme métallique, avec des expressions de la valeur qui étaient bien différentes. Le plus innovant était dans le fait que cette monnaie venait rehausser les rapports lignagers, plus singulièrement dans le cas du mariage. Tout devenait plus attractif et l'avenir lui-même s'envisageait à travers la monnaie, même le bien-être, le qualitatif, le viable, le moderne. La force colonisatrice de celle-ci est telle que personne ne peut penser à son rôle négatif dans ces sociétés.

Quelle est la portée réelle, la profondeur de ces transformations sociales ? Osons espérer que cela apparaisse tout le long de cette auto-remise en cause. Aussi, pour l'instant, on se bornera à préciser que l'entendement qu'on en a, dans ce cas présent, est plutôt proche d'une situation conflictuelle ; une situation de superposition et de juxtaposition qui est loin d'être uniquement un passage, ni une coupure, une cassure entre ce qui était (la situation antérieure propre à la société qualifiée de lignager), et ce qui est aujourd'hui, une situation plutôt ambigüe dans laquelle on ne peut, par exemple, pas savoir qui fait quoi, quoi fait quoi, si la monnaie n'est qu'un moyen, ou une fin, ou les deux à la fois ; si l'habitat se conçoit comme avant, ou si la monnaie l'a imposé dans la société comme marchandise, c'est-à-dire une norme de consommation valorisante.

Quelques boutades assez familières font la joie cynique de ceux qui les colportent avec cependant une fonction de moralisation éprouvée :

Un des deux premiers plus grands entrepreneurs dans la ville capitale du Congo se nommait Ntiétié. L'autre c'est Ebina. Leur histoire entrepreneuriale est bien ancrée dans la colonisation. - Ce qui pourrait nourrir l'idée que celle-ci ne fut pas que système sans liberté pour les colonisés -. L'histoire raconte les manières de table de ce riche entrepreneur. Il affectionnait manger du poisson salé brûlé -une forme de cuisson assez courante – avec du manioc et du gnetum cru, des feuilles sauvages issues de la cueillette jusqu'à nos jours et de forte consommation sur toute l'étendue du territoire de l'Afrique centrale. Ce qui se comprenait mal par la société pour qui le pouvoir d'achat est un facteur déterminant pour accomplir le saut social de la tradition (ici les manières de table locales), à la modernité coloniale, la seule modernité qui vaille.

Les transformations sociales décrivent en définitive une situation dans laquelle la société lignagère est encore présente et même a envahi certains aspects qui ne lui étaient pas familiers [l'entreprise, l'État, la politique], et où le système capitaliste de la domination de la marchandise veut accroître son importance, accentuer sa prédominance. C'est à l'embouchure de deux cultures.

L'habitat serait-il donc ce vecteur de transmission du virus de la modernité à l'occidental ?

Toute la médisance sur la société locale colportée par le système scolaire postcolonial trouve son expression dans l'habitat.

Voilà un domaine qui est celui de tous les dangers pour la société. Pourtant, cela n'apparait nullement ; parce qu'il est celui dont l'extravagance aveugle l'esprit, par son arrogance vis-à-vis de l'antécédent qu'il considère comme n'ayant pas existé. Devant l'habitat colonial, l'habitat local devient une hutte et autre masure. Nul besoin d'une démonstration quelconque pour convaincre de la supériorité de l'architecture, même simple, introduite par le colon. En tous les cas, il y a au moins la viabilité qu'on ne pouvait pas remettre en cause.

Un certain vocabulaire introduit à ce propos pouvait exercer un tel matraquage sur l'esprit. Les termes « viabilité, plan, matériau », à eux seuls clouaient à jamais les conceptions locales. Le danger se situait dans ces nouveaux vocables qui inhibaient les capacités réflexives autonomes des individus. Ils courbaient l'échine jusqu'à la limite de la rupture. Le diplômé devint le facteur puissant de cette rupture.

L'habitat, c'est tout. Il est tout à la fois culturel, psychosociologique, économique, technique ou technologique. De ce fait, cette multi dimensionnalité est le véritable danger dans la société. Elle n'autorise rien.

Le colon s'était résolu à libérer l'espace. Cet espace que son imagination avait modelé. Ainsi, il avait usé des connaissances techniques accumulées pour concevoir, mieux, reproduire un habit européen tropicalisé.

C'était réussi ; le colonisé n'eut rien à y redire. Au contraire ! Il sautait sur l'occasion le plus rapidement, parce que, au bout du compte, se trouvait un pari : celui de souffler la bougie du premier colonisé à avoir pris place dans l'habitat qu'occupait le colon.

Le danger était bien là. Celui d'un environnement piégé, laissé en viager à l'élite locale scolarisée, dont la mission, savamment maquillée, était de continuer l'œuvre des transformations sociales entreprise sous le couvert de l'accès à la civilisation.

Cela a marché.

Ayant aiguisé leur plume, prenant leur étendard d'anciens élèves brillants du lycée de ceci, de cela, l'on pouvait se jeter en admiration devant un juriste, un économiste ou un littéraire, psalmodiant les faits d'un tel, le premier proviseur Noir après le Blanc. Il le déclama si éloquemment qu'on se serait crus se trouver devant une proclamation d'un concours à l'issue de laquelle un tel fut honoré par une gratification spéciale : Major de la promotion.

Cet instant de la vie était bien motivant. Celui qui était ainsi honoré le marquait par une démarche dandinante. Contre son physique, il luttait. Certains statuts sont lourds à porter. Dans ce cas, cependant, ce poids était descendu des épaules vers les pieds ; ce qui avait pour effet immédiat l'allégement des épaules qui prenaient du même coup de la hauteur. En réalité, le colonisé voulut ressembler au colon qu'il venait de remplacer dans cette noble charge de proviseur, garant désormais de l'acculturation.

Dans la ville capitale, les revenus étaient de plus en plus consistants. Le travail salarié qui s'était développé autour du colon, avait pour effet de multiplier les opportunités de revenu. Elles étaient diversifiées. C'est dans le transport entre la ville et le reste du pays que sortiront les premières plus grosses fortunes chez les colonisés. Comme la société le souhaitait, à ces fortunes incombaient la charge de sauver la face de leur environnement immédiat. En clair, un riche ne devait pas s'en cacher ; il lui incombait presque l'obligation de se distinguer des autres en faisant des choix avec une forte incidence sur la physionomie de l'environnement physique.

En le rapportant, nous éprouvions de la peine. Parce qu'il s'agit d'un fait à portée sociale avec une incidence sur l'aménagement de l'espace.

L'occupation de l'espace est devenue le terrain de prédilection de la lutte pour le positionnement social. L'habitat dans ce jeu apparait comme l'expression de revendication de la valorisation. La maison impose la prestance. Elle est l'objectif premier de la vie. Dans cette dynamique, elle eut sonné le glas de la protection de la nature.

Par elle, les agglomérations africaines sont l'expression par excellence de la destruction de la nature. L'élite y occupe alors une place de premier ordre. Par sa frénésie à la différenciation par l'occupation d'espace de vie à l'image du colon.

Les concessions des colons étaient toujours fermées. Une palissade en grillage permettait une certaine lecture de la vie qui s'y déroulait. Elle imposait au mieux l'inaccessibilité du lieu et peut-être la protection de l'individualisme. Dans la plupart de ces concessions, la maison était de plain-pied. Mais quelques-unes étaient à étage. Ce qui pouvait être interprété comme une forme de valorisation sociale. Ce qui était sans la moindre hésitation la compréhension du colonisé :

Monsieur Nkounkou était un homme qui jouit d'un niveau de revenu bien au-dessus de la moyenne. Il parut par ailleurs avoir été instruit sur les avantages d'une habitation à étage. Il opta pour ce type d'habitation. Il semblait en ignorer tout de même certaines contraintes, par exemple, ne pas profiter de sa position en hauteur pour s'adonner au voyeurisme, savoir se tenir, éviter tout opportunisme envers le voisin. Tout comportement qui était dans les réflexes du noir dans un cadre environnemental qui ne les condamnait pas. Ce qui fit que Monsieur Nkounkou se sentant dans ses droits ne fit plus attention à ces nouvelles règles édictées par cet autre environnement crée par le colon.

Son voisin n'était pas moins nanti financièrement. Cependant, son habitation était de plain-pied ; ce qui était l'image première rendue par la vie du colon.

Les relations de voisinage allaient se détériorer rapidement par le fait de l'inobservation des nouvelles règles imposées par non seulement la promiscuité, mais surtout la différence entre les habitations. Le voisin fit remarquer à Monsieur Nkounkou sa tendance à se laisser aller dans la gestion de ses déchets qui finissaient leur course dans sa concession. Ce à quoi, Monsieur Nkounkou répondait par l'invective suivante :

« Moi, je suis en haut ; je suis un homme. Toi, tu es en bas, au sol ; tu cohabites avec les crapauds. Il ne peut pas y avoir de dialogue entre nous deux. »

On remarquera que dans le récit de cette séquence de la vie quotidienne dans l'agglomération de Brazzaville sous la colonisation, un seul nom parmi les deux protagonistes est cité. Ce n'est pas le résultat d'une atrophie de la mémoire. Bien au contraire. C'est bien le reflet de l'état psychologique général.

C'est par le biais de l'habitat que la société locale s'est positionnée à la marge de l'occupation coloniale. Les colonisés sont donc venus se placer pour diverses raisons à côté des zones d'occupation européenne. Plus au sud, un ravin baptisé ravin de la glacière séparait les deux formes d'occupations. Plus au nord, c'est la voie ferrée qui en constituait la ligne de démarcation. C'est ainsi que prévoyant les effets de cette proximité, l'administration coloniale va promouvoir un type d'habitat adapté au colonisé.

Dans les faits, il s'agissait ainsi de l'inauguration de la politique d'aménagement dans le but d'avoir la maitrise sur les incidences de l'évolution démographique. En cela, l'administration coloniale avait une bonne longueur d'avance sur les élites locales dirigeantes qui n'ont pas su lire dans ces actions coloniales la méthodologie de la gestion de l'espace. Alors, les indépendances seront un vrai fiasco sur ce plan.

L'administration coloniale avait mis en place à cet effet un service de cadastre. Dans le même rythme que tout le reste hérité de la colonisation, ce service partait en lambeau ; il était devenu un service pour accompagner les propriétaires fonciers dans leur volonté de mise à sac des propriétés reçues en héritage collectivement. La terre subissait la dure loi de l'explosion du groupe familial sous les coups de boutoir conjugués de l'action religieuse coloniale qui vante les mérites aux yeux du dieu de l'individualisme et du modèle de la famille européenne coloniale, le seul apte à conduire plus sûrement vers le paradis.

Voilà qui aurait pu alerter les décideurs macroéconomiques. Poser le problème de l'impact de l'habitat sur la croissance d'abord et sur le bien-être corrélativement. Un domaine à même de répondre aux exigences de l'écodéveloppement ou de l'écologiquement convenable. Parce que la politique coloniale avait posé les jalons pour une technologie appropriée. Ainsi, on ne pouvait pas lui reprocher de l'avoir fait. Parce qu'elle avait su s'adapter et saisir le niveau technique qui était celui de la société colonisée.

Plusieurs années après le colon, l'aménagement du territoire est au point mort. L'espace est devenu le lieu de lutte pour la valorisation. Les monuments coloniaux d'habitat sont montrés comme des éléments de l'apprentissage de la nouvelle vie. Les gares de la voie ferrée, le palais présidentiel, les bâtiments militaires, les dispensaires et hôpitaux sous l'administration coloniale étaient le reflet de la pensée architecturale qui puisait sa source dans l'environnement local. Des briqueteries fonctionnaient un peu partout sur toute l'étendue du territoire, à la faveur de la présence d'une terre semi-argileuse favorable. Tout cela est perçu par l'élite dirigeante comme l'expression d'un sous-développement mental. Curieux !

L'aspect le plus alarmant des agglomérations africaines qui croissent à des rythmes qui ne semblent pas poser de problème particulier aux élites au pouvoir, malheureusement, est sur un double front. Les besoins de l'habitat sont quantitatifs et qualitatifs. Il est cependant clair que le parc de logements est d'un niveau de déficit qui pèse sur l'avenir même de ces agglomérations. Architecture, matériaux et revenus se conjuguent pour une action dévastatrice sur la nature. La houe est le premier élément de l'aménagement. Avec la machette, la houe peut revendiquer la déforestation. Et, le revenu accomplit le reste : la naissance de bidonville.

Pourquoi ces opportunités technologiques n'ont pas pu phagocyter les tendances sociétales locales pour favoriser la culture de la gestion de l'espace en accord avec la pression démographique ? Des technologies qui présentaient un aspect concordant qui aurait pu les faire apparaître comme appropriées ; car leur appropriation présentait tant d'avantages (social, économique et écologique).

On n'a qu'une conscience diffuse du fait colonial, de la précarité intellectuelle dans laquelle il a placé le colonisé.

Dans l'organisation du pouvoir politique, au gouvernement par exemple, les ministères d'État sont essentiellement ceux s'occupant de l'extérieur, des finances, de l'intérieur. La gratification « d'État » est due à l'importance primordiale qu'est celle des secteurs concernés dans la vie politique nationale.

Le ministère en charge de l'aménagement du territoire et généralement de la construction ne bénéficie que peu ou prou de cette gratification. Les réflexes socioéconomiques poussent vers les pôles d'emploi en oubliant que nécessairement l'existence de ces pôles est une séquence de l'aménagement de l'espace.

Si l'on prenait conscience que l'activité humaine, quelle qu'elle soit, est susceptible d'une randonnée financière, l'on prendrait conscience de la mesure de l'impossibilité de porter une attention négligée sur certains secteurs d'activité. Ainsi, compte tenu du caractère multidimensionnel de l'habitat — ce qui est un atout pour les finances publiques – la conscience que l'aménagement du territoire est ce cadeau de la nature et de la culture porteuse des possibilités pour s'enrichir. C'est le cadeau de la part de la culture de l'autre qui a mal été estimé, parce qu'il devait faire émerger une architecture locale : une occasion ratée pour enrichir sa panoplie de solutions aux différentes questions de viabilité d'un habitat qu'on aurait souhaité en phase avec le mode de vie.

La préoccupation était d'éviter la chosification de l'habitat en l'appauvrissant conceptuellement. Ce qui, du même coup, appauvrissait l'éventail des propositions, y compris au seul plan économique, pour une croissance soutenue de l'activité industrielle. L'habitat et l'aménagement du territoire étaient l'une des possibles réponses aux sous-emplois des diplômés. Sa chosification lui a ôté cet aspect ; les métiers autour de ce besoin fondamental ont été ainsi livrés à une main d'œuvre dont l'unique force est la capacité à la reproduction des formes déjà existantes. Aucune inspiration, même à partir de ce vécu récent. Au contraire ! Nous nous sommes empressés de faire disparaître ce qui s'attachait aux pratiques locales.

On ne pouvait plus insister assez sur son importance, sur le plan de la santé, de l'équilibre psychologique, de la vie sociale et économique. Par exemple, la collusion du pôle d'emploi avec l'urbanisation, a produit comme effet une accélération de l'occupation de l'espace et sa dégradation. La décision a échappé à tout centre de décision, ce qui a entrainé l'anarchie dans l'occupation de l'espace. La polarisation de l'emploi et ses effets multiplicateurs sur les sources de revenu, a eu un effet d'inondation sur la demande en bien habitat. Rapidement dépassé par le surdimensionnement du besoin, l'anarchie devenait la seule réponse à la situation.

Le village a mué en ville ; le rural a infiltré l'urbain ; le village est devenu la ville. Tout comportement inadapté socialement, mais se justifiant anthropologiquement. C'est sous la persistance des techniques d'occupation et de création de l'espace en milieu rural, dans ce milieu urbain nouveau, que l'individu nouveau urbanisé semble apparaître. Mais, en même temps, le revers de ces techniques d'occupation, c'est l'accélération de la dégradation des conditions sanitaires et d'hygiène ; ce sont, ajouter à cela les bas revenus, les difficultés pour mettre en place une politique d'aménagement de l'espace, de concevoir et de mettre en pratique la politique de gestion du conflit entre l'homme et son environnement.

L'étendue incontrôlée des villes africaines a un coût socioéconomique et sanitaire énorme que la réflexion, au croisement du simple bon sens, parait ignorer. Avec l'indifférence sarcastique qui a toujours semblé l'emprisonner, l'analyse s'est bloquée sur l'imaginaire d'un bien-être qui est nécessairement rattaché à l'immensément grand. La politique d'aménagement du territoire est sous cette emprise.

En cet instant, c'est à la tentative de lever de paradigme que la réflexion devrait se consacrer. Une tâche titanesque, au vu du matraquage psychologique subit. Elle n'est pas cependant inaccessible à la volonté humaine. Tant de faits comportementaux autour du colonisé le suggèrent. Et parfois, on a l'impression qu'il suffit une fois en passant d'essayer une problématique ; il suffit d'oser dégager le problème central, la question-clé (parmi une multitude de questions qui se posent...) et qui est : Comment faire passer un message nouveau, technologique, de telle sorte qu'il s'opère une appropriation par les populations des anciennes colonies de l'Afrique ?

Pourquoi, pour contenir la tendance à l'extension urbaine couteuse, l'immeuble, comme le nouveau mode d'habiter, n'a pas été adopté par la politique d'urbanisation, en exploitant le sentiment de modernisme qui est bien présent chez le colonisé ? Une situation sociale qui constituait un premier niveau de réponse à cette préoccupation intellectuelle.

Il fallait bien chercher une explication à ce phénomène vivant de stagnation, de rétropédalage économique, souvent débouchant sur le chaos. Voilà une raison valable qui devrait interpeller sur la confection de la problématique. Quelles sont les interactions mésologiques qui déterminent l'état de bien-être de cette population et qui influent sur ces réactions individuelles et collectives ? Pourquoi n'y a-t-il pas de fossé si marquant entre l'expérience de vie du chercheur et l'expérience de vie de la société ? Ce qui peut avoir un intérêt considérable pour le premier, doit-il en avoir autant pour le second ? N'est-ce pas de l'existence de ce fossé qu'émerge le dynamisme qui est le socle du progrès ?

C'est à la lutte pour la modernité mondialisant que nous devons notre retard de croissance. Mais, est-ce nécessairement à notre acharnement au mimétisme que nous devons notre engouement pour le paraître qui nous a condamnés ? Celui qui nous attire dans un cul-de-sac scientifique.

La tentation par ces temps de la mondialisation de la compassion envers une Afrique, continent de tous les maux, est de prêcher toute idée qui favoriserait l'arrêt du mimétisme. Mais, n'est-il pas serein d'y opposer l'objection constructive que c'est justement le mimétisme qu'il faut dans certains secteurs de la vie sociale ? N'est-ce pas parce que le mimétisme est freiné dans le mode d'habiter, dans la gestion de l'espace et dans l'aménagement du territoire, qui est la cause profonde du séisme qui a tendance à détacher et à isoler ce continent du reste du monde ? Une isolation qui semble toucher jusqu'au sentiment national, qui parait montrer quelques hésitations fatales. Ainsi sommes-nous ridiculisés par les faits sociaux dont le degré d'objectivité est si fort qu'il est sujet à produire l'aveuglement.

L'objectif de tout travail intellectuel devrait être de définir les conditions d'un développement viable pour les sociétés humaines entières dans leur terroir. Ces conditions doivent concourir à assurer l'autonomie de ces populations. Quels sont les facteurs déterminant ces conditions ? Les populations elles-mêmes représentent le premier. Le second, c'est celui qui a le pouvoir de coercition, l'État.

Qu'est-ce que l'État dans une ancienne colonie ?

L'importance de l'État dans une ancienne colonie est de premier ordre. Il est globalement l'unique structure organisée à la tête de laquelle se positionnent les individus les plus aptes à assumer la succession de l'héritage colonial et de l'assumer en se projetant dans le futur. Voilà pourquoi, on ne donnerait pas cher d'une société humaine anciennement colonisée sans direction, sans État. Elle existerait assurément. Difficile d'y voir le progrès être le moteur de son épanouissement. Il a le pouvoir de diriger, d'orienter les transformations de la société, par des choix qu'il opère pour elle ; d'où son importance.

Ce faisant, cet État doit changer ses déterminants dans le choix qu'il accomplit. Ce changement doit se faire au niveau global, c'est-à-dire qu'il doit nécessairement chercher à se libérer de la pression des images actuelles qu'il a (qu'on a...) du développement en général, et donc des principes et de la conception de l'habitat et de l'aménagement de l'espace en particulier.

Se libérer de la pression des anciennes images du développement, c'est chercher à définir les moyens qui peuvent créer une situation nouvelle de redynamisation du système technologique local. Ce qui conduirait d'un autre côté à effacer le heurt entre les exigences socioculturelles de l'habitat.

D'une Afrique à une autre, à propos des villages sénégalais, Ben Mady Cissé disait : « n'occidentalisons pas: modernisons »[7]. Tout le problème est de définir cette modernité dans le cadre des populations qui ont subi la colonisation étrangère, dans une situation internationale où la modernité, c'est la modernité véhiculée par la marchandise, elle-même véhicule par excellence de la culture étrangère.

L'élite s'est laissé piéger par le temps. Sa conscience s'est laissé façonner par la marchandise. Elle ne savait plus se ressaisir pour comprendre la logique de l'évolution, celle de la reproduction et de l'évolution du milieu technique. Cette dernière est un phénomène paradoxalement contradictoire, ponctué de moments de stabilisation et de moments de déstabilisation ; et ainsi de suite. Il y a toujours de la stabilisation dans la déstabilisation, et réciproquement. Ce qui peut apparaître comme un jeu sans portée réelle, révèle ceci d'essentiel qu'il reste toujours quelque chose de permanent dans une société, qui constitue sa référence, sa base, pendant que quelque chose d'autre le fait être de nouveau. Cette base est nécessaire pour la survie de la société et pour l'évolution technique particulièrement ; elle définit la modernité sociale qui est le développement tout simplement.

L'État devrait être ce principal agent dans cet effort de redynamisation du milieu technique. Il avait donc à accomplir un effort de participation et de guide. Malheureusement, entièrement pris dans les serres de cette élite dévote du bien-être esclavagisant, il s'est retrouvé en porte-à-faux avec les espoirs qui reposaient sur lui.

L'élite se faisait une représentation des choses qui n'allait pas de soi. Elle se fourvoyait lorsqu'elle se fixait sur une problématique exclusivement statistique de la question de l'habitat. Elle passait ainsi à côté de son importance dans la survie socioculturelle.

Faire parler les chiffres contrarie, bien sûr, énormément. Mais, il est bien moins contrariant d'affirmer que, à dix (10) pourcent seulement comme taux d'emploi dans une économie africaine au sud du Sahara, le niveau de la consommation n'est pas moins satisfaisant.

Les plaintes émises par les coloniaux et reprises par les ex-colonisés quant à l'étroitesse du marché du fait apparent d'absence de revenus économiquement viables, ne favorisaient pas le monde des affaires. Les faits leur ont donné comme leçon que les affaires tiennent d'abord à des stratégies et le reste ensuite. Les économies actuelles des pays africains affichent souvent des taux de croissance qui satisfont les élites au pouvoir, mais rongent d'amertume les neuf-dixièmes de la population.

C'est dire que le problème essentiel était de montrer que notre esclavagisme intellectuel pouvait être neutralisé par notre capacité d'observation et de restitution des faits dans notre environnement. C'est par ce biais que nous aurions pu être de vrais intellectuels, utiles pour nos sociétés et le monde. Ainsi, nous sommes passés à côté de l'essentiel. Montrer, par exemple, que le libéralisme économique n'est pas une simple boutade comme on l'observe. Parce que le marché dans nos sociétés est l'expression totale et suprême du libéralisme. Celui qui est porteur de progrès.

L'habitat, bien plus que l'agriculture, était le secteur par excellence où la stratégie de croissance endogène pouvait être conçue sans trop de risque, celui de courroucer la stratégie dominante de la colonisation. Parce qu'une stratégie de croissance endogène contrariait nécessairement — et encore aujourd'hui – la stratégie macroéconomique coloniale ; en ceci que la production locale des matériaux de construction ne présentait aucun attrait financier pour le colon. À l'inverse, tout autre domaine d'exploitation qui impliquait des matières pouvant être des matières premières pour l'industrie de la métropole, était d'une sensibilité extrême pour le système colonial. Et malheureusement, c'était le cas de l'agriculture, de l'activité forestière comme de l'activité minière. C'est autour de ces trois domaines d'activité que tournait et tourne encore le fameux concept des « intérêts d'État »[8]. Ce qu'Arghiri Emmanuel décryptait et exprimait très stratégiquement par « l'échange inégal ».[9]

Plusieurs années après les indépendances, on a pu prendre la mesure de cette sensibilité par la répression qui suit chaque volonté de poser tout simplement la question sur la nature des contrats d'exploitation, dans le pétrole, dans l'exploitation minière en général, dans l'exploitation forestière. L'instabilité politique et l'installation des régimes politiques dissuasifs en sont la meilleure expression.

En quoi cet échange serait inégal ?

Ce qui deviendra presque un hymne pour le triomphe de l'égalité, est en réalité l'expression d'une réalité vécue. Arghiri Emmanuel avait été marqué par la férocité de l'exploitation coloniale et les faits de répression coloniale au Congo belge de l'époque. Il le stigmatisait par cette instantanée qui apportait une certaine lumière sur le libéralisme économique comme idéologie.

Comme toute idéologie, elle a un parti pris et un support. Dans les relations économiques et financières internationales, elle épouse la forme diplomatique. L'État, en déclarant avoir des intérêts à l'extérieur, exprime tout simplement sa solidarité indéfectible avec les entreprises nationales privées et publiques impliquées. Cette indéfectibilité est sensible au degré de

---

dépendance de l'économie nationale aux matières premières. Voilà comment nous aurons tout le mal à comprendre les enjeux du libéralisme économique.

Dans le secteur de l'habitat, il n'y avait pas de tels enjeux. Ainsi, une petite industrialisation dans ce secteur était plus envisageable, surtout avec les avantages qu'elle présentait pour les colons aux capacités d'investissement bien réelles. Les débouchés pour cette petite industrie ne présentaient aucune menace pour la suprématie coloniale. Ils étaient essentiellement locaux. Mais, hélas !

V. Le courage d'avouer

En 1975, au restaurant universitaire Berlioz à Grenoble, au déjeuner, sont attablés deux étudiants, l'un d'origine Voltaïque[10], l'autre du Congo. Une conversation émergea du fonds de leur être colonisé :

– Le Voltaïque au Congolais : chez vous, a v e c quoi l e s maisons s o n t -elles c o u v e r t e s ?

– Le Congolais : avec la tôle ondulée.

Cette réponse choquait le Voltaïque qui la prit pour une marque d'orgueil, de la frime de la part du Congolais.

Comme pour faire revenir le Congolais à la modestie, ce qui lui parut mieux à faire, le Voltaïque s'empressait d'apporter la précision du jour :

- Chez nous, les toitures sont presque exclusivement en chaume ; la tôle, c'est pour les fortunés.

- Le Congolais, qui ne fit que décrire le réel de chez lui, reprécisait : en milieu rural, la maison principale a une couverture en tôle, et la cuisine le plus souvent en paille ou en chaume.

Le débat s'enflammait de plus belle. Le Voltaïque, ouvertement, qualifiait le Congolais d'orgueilleux ; ce que le Congolais eut toute la peine du monde à comprendre et à encaisser.

La nature sachant bien faire les choses, arrivait un doyen, très respecté, membre du corps enseignant, mais Congolais d'origine.

Le Congolais, inopportunément traité d'orgueilleux, saisit cette bouée (de sauvetage) et conseillait à son interlocuteur Voltaïque à poser la question au doyen. Ce qu'il fit.

Sans prendre son souffle, le doyen répondait :

- Au Congo, le matériau de couverture de maison le plus utilisé en milieu urbain comme en milieu rural est la tôle ondulée... C'est en milieu rural que l'on trouve aussi la paille ou le chaume, mais surtout pour la cuisine. Le débat s'arrêtait net. Cependant, le Congolais n'a jamais su s'il avait été réhabilité dans l'estime de son collègue[11].

L'intérêt de cet échange se trouve au niveau du complexe du colonisé. Les deux protagonistes affichaient le même désir, mais en prenant deux parcours différents. Le point d'arrivée était le même : le revenu. En Haute Volta à l'époque, le niveau de revenu était si faible que l'offre extérieure de produit de consommation désirée se montrait en inadéquation avec une demande qui restait potentialisée. Il n'en était pas ainsi pour le Congo où le niveau de revenu paraissait plus en adéquation avec le prix de l'offre extérieure. Il ne demeure pas moins que dans les deux situations, la demande de ce produit était réelle, parce qu'il incarnait la modernité pourvoyeuse de bien-être qui est l'objectif social recherché.

Dans ce tableau, le vrai dénominateur commun, c'est l'engouement du colonisé à vouloir se reconnaître dans la culture de l'autre, en tentant d'occuper une place la plus exposée possible à l'acculturation.[12] Et on s'accorde à voir dans le revenu, l'élément moteur le plus dynamique.

5.1-Le Bien-être comme dissolvant et régénérant

En toute chose, il faut partir à point. Et, ce point, jusqu'alors, nous a été imposé comme l'improbabilité qui animerait toute tentative de voir, de penser la chose autrement.

L'alphabétisation était donc un piège. Elle montrait la voie à emprunter ; une voie au bout de laquelle il y avait le bien-être ; celui-ci était tellement bien qu'on ne vit pas le traquenard derrière.

Voici, après le rôle social de l'habitat, ce que l'école s'est évertuée à inculquer au colonisé. Pas seulement inculquer, mais provoquer presque une mutation quasi-génétique qui fait qu'on ne peut plus faire autrement. Il s'agit d'abord d'une conception de l'activité de survie et sa logique : la production des biens pour la survie humaine. Celle-ci ne bute que devant un seul fait, une seule réalité : la rareté. Les choses ne prendront de la valeur que par rapport à cela, et rien d'autre.

Et, pourquoi ? C'est parce que c'est à la rareté que le bien-être doit sa survie. Aussi, il revient à la poursuite du bien-être — ce qui est le propre de l'homme — de chercher à comprendre l'essence de la rareté.

L'activité humaine, que la pensée orientale a tenu à saisir par son rapprochement à la domestication de l'espace, a été qualifiée par le concept d'*économie*. Que recèle ce concept ? Rien d'autre que la poursuite du bien-être ; ce qui s'est répandu sous la formulation idyllique de « gestion de la rareté ».

L'action humaine n'a qu'un but : chercher à résoudre cette problématique de la rareté. On ne se le représente pas dans la routine de la vie. C'est donc là le mérite de ces penseurs qui avaient très tôt pris conscience du danger pour la société de cette routine et y avaient remédié en mettant en place cette pensée dite économique. Dès lors, la problématique des besoins confrontés à la rareté devenait permanente dans la société. Voilà comment l'économiste s'est incrusté dans la vie et a tendu à imposer une méthodologie d'analyse qui pouvait se dire universelle.

Aucune société humaine ne peut survivre dans la rareté. Cela passe initialement par l'adoption de décision pratique ; ce qui doit poursuivre de réaliser une situation d'abondance. Mais, toute décision n'implique pas exclusivement une bonne performance. Aussi, cette action humaine peut mettre autant en péril l'abondance recherchée ; en péril, c'est-à-dire par la suite, recréer une situation de rareté. Ainsi, dit-on, la société s'achemine vers le bien-être.

5.2. Les ressources seraient rares.

C'est là l'inquiétude qui parait fonder le principe économique. Elle avait été extériorisée publiquement pour la première fois dans l'Europe de l'industrie naissante.

Il y eut un dénommé Malthus R. Thomas[13] entre le dernier quart du XVIIIe et le premier quart du XIXe. Ce pasteur chrétien de l'Église anglicane allait devenir célèbre pour son humanisme. Celui-ci le conduisit à formuler sa pitié par une réflexion plus complète sur la vie sociale et économique.

Dans la situation sociale de l'époque, un danger réel guettait la société si l'on n'y prêtait nulle attention. C'est ainsi que se formulera son apport dans la formation de la pensée économique. On peut le présenter comme l'un des auteurs qui ont participé à la mise en place de cette problématique de la rareté. Il rattache la misère ou la pauvreté dans la société à l'économie par le biais d'un déséquilibre quasi naturel entre une population qui est appelée à croître alors que la production, plus précisément des biens alimentaires, ne pourra pas suivre cette croissance de la population. En somme, la rareté des biens deviendra une donnée permanente, ce qui induit une pauvreté plus accentuée.

Dans ce qu'on qualifierait d'analyse économique occidentale, c'est là le point de départ de tout. Ce constat tient-il compte de la démographie mondiale, du progrès technique ? Cet illustre penseur ne fût-il pas trop influencé par son désir de rédemption divine, ou pensait-il vraiment que les ressources étaient rares, ou bien iraient-ils en se raréfiant ?

Une conviction qui pourrait s'avérer plus néfaste que jamais pour le bien-être, à moins alors de considérer que la cartographie démographique est une réalité à ne pas sous-estimer, ce qui entraine dans un autre couloir : l'essentiel du bien-être n'est pas sécable ; il est unique dans sa forme comme dans son fond.

Cette conception, à tendance universelle, trouve tout réconfort dans l'aide que l'économie américaine, japonaise ou européenne peut octroyer pour soutenir l'incapacité de l'économie soudanaise, éthiopienne ou de l'Afrique de l'Ouest à répondre à la demande en biens alimentaires de ces populations[14]. Le fait important est que l'économie américaine réalise des surproductions agricoles et la donation, quelle qu'en soit la cause, tendrait à approuver l'idée que le progrès technique suffit à lui tout seul pour combattre la pénurie.

De nos jours, on sait appréhender les différents niveaux de la rareté. Et, ces différents niveaux peuvent influer sur le contenu de cette rareté. Selon qu'on se situe dans la production des biens de consommation agricoles, ou des biens produits par l'industrie, ou des biens dans l'industrie primaire, la rareté peut être un handicap ou un stimulant.

La rareté dans l'art n'est pas de même incidence que la rareté d'un bien agricole ou celle d'un bien industriel. Les cours mondiaux des matières premières renseignent plus ou moins bien sur la raréfaction de ces matières ; même si, dans les faits, on n'a que rarement assisté à des ruptures dans la production dues à l'insuffisance des approvisionnements. Dans la variation du prix d'une matière première sur le marché mondial, le déterminant n'est ni la prévision sur le comportement des réserves, ni la désuétude des procédés d'exploitation. Le plus souvent, un élément extra économique est à l'origine de cette variation. La rareté paraît ainsi se situer à un niveau purement psychologique, spéculatif.

Avec l'industrie, les ruptures dans l'approvisionnement des centres de distribution en biens de consommation au public, ne sont plus que du domaine du mythe. La rareté se constaterait non pas avec la disparition du produit destiné à satisfaire tel besoin, mais en la réduction du nombre de marques habituellement présentes dans un point de vente. Le paradoxe à ce niveau est que la rareté au départ aboutit à l'abondance en fin de parcours de production.

Si les minerais peuvent être envisagés comme rares — ce qui est acceptable comme point de vue — dans le secteur de l'aviation par exemple, il n'y a pas une rareté du produit avion. Cependant, beaucoup d'astuces sont utilisées par les entrepreneurs du secteur pour dissuader des innovateurs à s'y engouffrer. En cela, le système de la bourse n'est pas seulement un lieu de convergence des valeurs financières disponibles, mais constitue aussi un facteur très dynamique de coercition entrepreneuriale : elle permet de contrôler les incursions nouvelles dans un secteur donné et d'en limiter les effets.

Il n'y a rien de tel que l'art pour nous éclairer dans cette démarche. Il est tout à fait connu que des choses à l'utilité sociale peu avérée peuvent se situer au sommet de la hiérarchie des valeurs. Ceci entraîne à soutenir que la rareté revêt un caractère tout à fait culturel et historique. Les raisons qui font qu'un tableau de peinture, qui ne donne qu'une satisfaction psychologique, peut valoir autant qu'un hélicoptère moyen de transport, est à rechercher dans son caractère unique, c'est-à-dire rare. La rareté n'est pas dans le fait que l'artiste ne soit pas à même d'en refaire un autre ; elle est dans le fait supposé ou vrai que l'artiste, tout artiste qu'il est, est présumé ne pas pouvoir ressentir les mêmes émotions à un autre moment, ce qui le met dans l'incapacité de reproduire à l'identique la même œuvre[15].

Ce sont les émotions sous-tendues et leur lisibilité par les observateurs qui font la notoriété de l'artiste et de l'œuvre d'art. Peu importe que cela se produise devant l'artiste ou loin de l'artiste. Toutefois, l'art n'apporte rien qui rentre dans la catégorisation des besoins proclamés fondamentaux par l'esprit sarcastique humain. C'est par un jeu de passe-passe intellectuel que l'œuvre d'art revêt une forme économico-financière d e la plus h a u t e importance : les individus inquiets d'une dérive économique probable, trouvent en elle et en d'autres caches de leur imagination, le bon coffre-fort : c'est le terrifiant motif de précaution, qui s'accouple au non moins terrifiant parce que déstabilisant motif de spéculation, découverts dans les années trente du XXe siècle.

Il semble que le besoin de se doter d'objets réserve de valeurs soit un besoin naturel. Mais, le choix de ces objets parait tout à fait naturellement sous influence de l'environnement social historique. Il se retrouve cependant tous sous l'édit de la rareté, et de leur caractère éphémère.[16]

VI. Le bien-être et le bonheur.

Tout au début de l'émergence de la pensée économique en Europe, ce sont les philosophes et logiciens, mathématiciens qui en sont les acteurs. Ainsi, il n'est pas superflu de dire que les pratiques religieuses qui dominent ce continent ne sont pas étrangères à cette émergence. Une chose est sûre, les théologiens sont parmi les premiers érudits des questions aussi sacrées aujourd'hui pour l'analyse économique comme celle de la monnaie. Bref !

L'objet essentiel de la pensée économique qui s'organise, est la recherche du bien-être. Comment parvenir à un état de bien-être dans la société par les individus la composant ? Et encore, comment le bien-être du prince peut dépendre aussi du bien-être de ses sujets ? Voilà comment un intellectuel complet va s'intéresser à cette question. C'est donc qu'il ne faut pas voir dans l'apparition d'un certain Pareto Wilfredo au XIXe siècle comme seulement le fait d'un opportunisme simple. Parce que la question du bien-être, sujet important de la philosophie, trouvait comme terrain de jeu idéal, la vie économique. Mais comment ?

Ainsi, au commencement, la pensée économique est une réflexion qui se construit autour de la préoccupation du bien-être du prince. Et, c'était exclusivement cela. Pourquoi celle-ci en vint à élargir son champ de prédilection en dehors du château du prince ? C'est que l'analyse virtuelle qui se développe s'aperçoit que ce bien-être du prince ne pouvait être de manière pérenne qu'en assurant même à un moindre degré le bien-être des sujets du prince.

Pareto est un européen de la première heure. Il était né en France, a fait ses études en Italie et a enseigné en Suisse. Toute une personnalité intellectuelle et universitaire à la formation multidisciplinaire. Retenons ici qu'il était économiste et sociologue. Ces deux formations l'avaient conduit assurément à s'intéresser au fait de la distribution qui débouchera sur la formulation du bien-être comme idée économiquement viable ; car il était aussi philosophe. C'est par son biais que la théorie économique a fait sienne l'idée du bien-être, envisagé comme objectif suprême de l'activité économique. Comme tel, il est rattaché d'abord à la possession des biens et la satisfaction qu'ils procurent à l'individu.

La société n'étant qu'une somme des individus, le bien-être collectif ou social sera du même coup atteint ; bien qu'on introduise un bémol dans le raisonnement, l'individualisme prenant assez souvent le dessus sur le collectivisme. C'est là qu'on introduit une condition assez déterminante, les conditions de la répartition, pour atteindre cet objectif social final. Chaque individu est suffisamment doué pour juger de son bien-être, étant seul juge de l'utilité des biens.[17] Devant Dieu, les biens et les relations sociales, l'utilité ne trouve son expression la plus affirmée que dans la monnaie. Le bien-être dépend ainsi en réalité de la monnaie qui est l'expression pratique du revenu.

La prise de distance de cette pensée par rapport aux préoccupations et aux principes économiques annoncés par la pensée classique en cours, est assez remarquable. En effet, l'idéologie dominante de la liberté d'entreprendre a comme organe suprême, le marché ; mais, le marché en lui-même n'est que l'expression de la liberté ; aussi se vit-elle saborder par l'idée en filigrane de cette théorie du bien-être, qu'est l'apparition d'un appariteur modérateur de la répartition : un organe au-dessus de la mêlée qui veille et entreprend des politiques seules capables d'assurer les conditions de réalisation générale du bien-être.

Les implications sont nombreuses ; le risque de chavirer dans cet océan du marché vers des propositions sur l'organisation sociale est réel. Dans ce contexte du triomphe de l'idée du marché comme seul aiguilleur impartial du bien-être, la messe de requiem le concernant ne pouvait qu'être sinon souhaitée, mais surtout dite. Parce que, pour cette fois, l'économie était rattrapée par le politique, et donc la mort souhaitée de cette théorie n'est que l'expression de l'angoisse au niveau des penseurs et des défenseurs du marché comme mode naturel de création du bien-être.

Mais, Vilfredo Pareto et les siens ont le mérite d'apporter les éclaircissements utiles à l'entendement du concept du bien-être et peut-être bien aussi du bonheur qui sont bien plus dans le champ d'études de la philosophie.

Le bien-être est quantifiable ; il est dans les biens matériels. Il est ce qui est visé par la production des biens et l'organisation de la société. Il est fonction du revenu, qui, lui, est exprimé par la monnaie qui, elle, est le référent de la valeur garantie. Si l'on veut bien poursuivre, c'est par lui que s'explique l'échange. C'est la recherche du bien-être qui a conduit les individus à échanger. Et, si l'on y prend garde, on aboutirait à ceci que, c'est la recherche du bien-être qui est à l'origine de l'apparition de la société.

La théorie économique qui a poursuivi son autonomisation vis-à-vis des autres disciplines, est ainsi rattrapée par au moins celle qui est le point de départ de tout, la philosophie. De même qu'il aura fallu au moins trois siècles de développement de la pensée et de l'analyse économiques pour qu'enfin le concept de bonheur intègre comme une réalité objective à part entière le lexique économique.

Cette théorie et cette conception du bien-être seraient-elles l'une des causes du décalage des niveaux de bien-être entre l'Occident et l'Afrique noire ? Vilfredo Pareto, aurait-il pu être un anticolonialiste de la première heure sans le savoir ? Ou au contraire, ne serait-il pas l'idéologue par excellence de l'exploitation coloniale ? Mais, la conception que recèle sa théorie était-elle applicable au-delà du champ européen ? Lui avait-il manqué la précaution keynésienne de souligner que sa théorie concernait uniquement les économies de marché occidentales ?[18]

Qu'est-ce que le bien-être et le bonheur ? Les définir est nécessaire pour en montrer l'évidence dans leur lien avec l'organisation du système de production dans une société humaine donnée. Encore une fois, allons voir du côté de la philosophie.

Dans la situation de dominé qui est celle de l'Afrique noire, on entend par philosophie, toute l'organisation de la pensée culturelle des dominants que sont la Grèce antique, la Rome et l'Europe occidentale. Ainsi, c'est le plus naturellement qu'on se tourne vers Aristote.

Dans ses écrits « Éthique à Nicomaque », on trouve le principe fondamental de sa théorie économique, qui traite moins de la production que de la circulation des marchandises : les relations d'échange économique constituent la condition primordiale de toute vie sociale ; c'est le « besoin que nous avons les uns des autres qui, dans la réalité, est le lien commun de la société qu'il maintient »[19].

C'est de la philosophie qu'ont dérivé toutes les autres sciences. Vue de la philosophie, la rareté n'est pas le principe fondateur dans la société. C'est l'échange de biens qui est à l'origine de la société. Cet échange n'est pas fondé sur la rareté, mais sur l'abondance ; une abondance relative qui porte non pas sur un fait quantifiable, mais sur une nécessité existentielle, la sécurité. L'échange est motivé par la recherche de la sécurité, et c'est le matériel qui le scelle. Ainsi apparaîtra la division du travail.

Le bien-être est donc issu de l'échange que l'on désigne plus communément par l'économie de marché. C'est celui qui s'exprime au travers des concepts clés exposés sous l'étiquette d'« indicateurs économiques ».

Théoriquement, il n'y a plus de mystère autour de ce vocable, parce qu'il est celui qui meuble la vie au quotidien. Un indicateur, c'est ce qui reste quand on fusionne plusieurs données qui tendent vers un même objectif qui, dans le cas d'espèce, est le niveau de bien-être d'une collectivité dans son environnement. Il présente un avantage certain dans le cadre de la lutte pour la domination. Pour la vie, il n'a aucune garantie que, grâce à lui, elle peut être meilleure.

Les biens, convertis en données et qui sont l'objet de ce regroupement, sont répertoriées dans la consommation privée ou publique selon l'intensité du soupçon d'utilité qu'ils présentent : le bien apporterait du bien à mon être et à la société à la faveur de la fonction sociale de la monnaie. C'est par elle que la première étape dans ce parcours du bien-être est l'indépendance ; l'étape suivante est l'insatisfaction.

Elle produit le besoin. Ainsi, sont apparus les besoins fondamentaux que l'économiste a extirpés de la société, les anoblissant pour les détacher de leur caractère naturel. Ils sont fondamentaux eu égard à l'instinct de survie de l'homme à une période donnée de son existence ; mais, fondamental dans le fond et dans la forme.

On sait qu'aucun animal ne peut survivre dans la nature s'il ne s'abreuve pas pour étancher la faim. Celle-ci est l'expression du besoin de renouvèlement de l'énergie qui procure la force d'être physiquement. Ce besoin est en réalité le seul vrai besoin fondamental qui nécessite une dépense d'énergie pour le satisfaire. Ceci est concernant le fond.

Dans sa forme, il n'est pas moins fondamental. L'animal rejette une bonne partie de ce qu'il consomme. Ce besoin prend alors une forme particulière selon l'évolution. La société humaine découvre alors que, agglomérée dans un espace contenu, les rejets vont contraindre à la création de lieu de contrôle des rejets, souvent pour éviter que l'environnement devienne le premier piège de la survie. C'est le piège de la sédentarisation. Il n'en est pas ainsi des autres animaux. Et ainsi, le besoin de contrôle devient aussi un besoin fondamental.

Les autres besoins ne sont pas fondamentaux ; ce sont des besoins qui ont pris le caractère fondamental par le fait de l'évolution de la société humaine. Le besoin de se vêtir et celui de rechercher un habitat, sont des besoins de l'évolution.

Il est un besoin fondamental dont la prise de conscience de son importance a été très tardive : le besoin de respirer. Du fait que c'est celui qui a la clé de la vie, la société en a pris habitude et ne l'a plus jamais considéré, vu l'abondance du bien « air ». C'est à l'évolution que nous devons aujourd'hui sa prise de conscience, l'activité humaine l'ayant propulsé au premier plan : Par ce que l'analyse économique a savamment maquillé sous la terminologie d'externalités.[20] C'est parce que les besoins de se vêtir, de se mouvoir et de s'abriter sont des besoins de l'évolution que la forme a pris l'ascendant sur le fond. Les biens pour les satisfaire ont pris une importance capitale dans l'organisation sociale. Désormais, les biens font le besoin, car, sans les biens, le besoin, dans son caractère fondamental ni même simplement apparent, s'évanouit sans peine.

Que l'homme sente le besoin de différentiation sociale de façon quasi-naturelle, cela semble indéniable. C'est dans ces besoins d'évolution qu'il a trouvé matière à l'en convaincre. La conviction du fondamentalisme d'un besoin est à rechercher dans la conviction que la production sociale des biens est le socle le plus consistant sur lequel repose la survie sociale. La théorie économique de Keynes — ce monsieur fut un grand monsieur et reste un merveilleux penseur — qui ne faisait pas dans la dentèle, s'est clairement définie comme celle qui allait ouvrir les yeux d'une société humaine tenue dans l'aveuglement par une pensée économique classique quasi-religieuse. Il faut préciser cependant qu'il s'agissait d'ouvrir les yeux des peuples occidentaux.

C'est le méta-message contenu dans un bien qui en assure sa production. L'entreprise produit à partir des matières premières physiques certes. La production ne trouve son répondant sur le marché que par la magie d'un message contenu dans le produit qui est comme son carburant, mais qui est aussi le guide dans le choix du pitoyable consommateur. Le phénomène de la mode est l'expression assumée de ce sentiment de différenciation et de valorisation dans la coercition.

C'est pour que l'on ne soit pas en marge de la mouvance générale que l'on se laisse entraîner par la mode. Même s'il y a des effets de mode qui ne concernent pas la grande majorité.

Ceci s'explique par le fait que dans la société, il y a des individus à l'imagination si puissante qu'ils ont eu la conviction d'une mission qui leur est dévolue, celle d'apporter le changement.

Économiquement, le système productif produit des biens dont le degré de satisfaction est proportionnel à leur valeur monétaire. La monnaie est donc l'aiguilleur général, que l'on se place du côté de la production ou qu'on se place dans l'isoloir de la consommation.

Ce qui tient le monde, c'est l'industrialisation des secteurs dépendants de l'évolution. L'emploi tombera - ce qui est la préoccupation du merveilleux Keynes -, quand cessera la demande en biens inutiles. Malheureusement.

Cette hypothèse est des plus inconcevables. La demande en biens inutiles ne cessera jamais, tant que le matraquage de l'esprit, exercé par la société conditionnée, qu'on appelle éducation, ne prendra pas fin. Ce qui est impossible ; ce serait vouloir ressusciter Aristote, le vrai fondateur du système de formatage public et de masse, qu'il désigna par « école ».

C'est grâce à ce système que Keynes peut encore vivre dans l'esprit des africains avec qui il n'a rien en commun. C'est grâce à l'introduction de l'école en Afrique noire par le système colonial que cette Afrique est devenue sous-développée, un peu à la manière d'Adam et Eve qui (se) découvrent la nudité. Ce que le colonisateur qualifiera de mission civilisatrice des peuples qui ne lui avaient rien demandé. Un acte de civilisation que la République Démocratique du Congo allait payer cher, par des guerres sanguinaires autour de ces gisements de matières premières, pillée doublement : par le pillage direct et ensuite par les montages fallacieusement financiers par le marché de cotation auquel ce pays n'a jamais adhéré.

Keynes J. M. est donc cet économiste anglais de la première moitié du XXe siècle. Il s'est distingué des deux grandes écoles existantes à l'époque par ses positions courageuses sur l'attitude envers une crise économique. Pour lui, la potion pour juguler la crise économique est entre les mains de l'État. Ce point l'a placé en porte-à-faux avec les positions antérieures qui prêchaient la liberté, c'est-à-dire le marché, comme suffisamment autonome pour faire face à toute situation néfaste. Entre plusieurs points développés, on peut retenir la problématique de l'emploi comme celle qui le distingue le mieux. C'est aussi celui qui pouvait exercer son charme sur les sociétés en devenir.

On comprend pourquoi l'économiste africain sorti de l'école occidentale se garde de tenir ce grand penseur à l'abri de toute responsabilité dans ce qu'il s'efforce de considérer comme une dérive du système d'économie de marché. Mais, en considération des crises engendrées par le pillage du continent, la recherche des causes a pu se tourner vers les développements théoriques bien antérieurs à ceux de Keynes. Apparaît alors un certain Ricardo[21].

C'est un grand nom de la pensée économique au XIXe siècle, dans le premier quart. Son apport est immense, si tant que les commentateurs de cette pensée l'ont réduit à une portion congrue, faisant de lui ce grand chantre d'une division internationale du travail, comme stratégie de développement. Ainsi, il a pu apparaître comme celui qui est le véritable idéologue de l'exploitation coloniale. Voici pourquoi :

Soucieux de la stabilité de la croissance économique d'une Angleterre dominant le développement européen, il voit dans cette domination industrielle et commerciale unilatérale, le danger d'une crise. Aussi pense-t-il que les ressorts de cette croissance doivent être assurés certes par le commerce, mais à condition que celui-ci ne soit pas à sens unique. D'où il formule la théorie de l'échange paritaire par la spécialisation des productions ; celles-ci, à la faveur des conditions environnementales naturelles, doivent favoriser toutes les parties à devenir gagnantes.

L'exemple illustratif de son exposé est celui de deux pays européens. Le premier pays est celui qui est le centre économique du monde à l'époque, soit l'Angleterre, le siège de l'industrialisation ; le deuxième pays est le Portugal, désormais surclassé par le premier au niveau du commerce. Dans les deux pays existe la demande en vêtement. Le coton est la matière première par excellence. Chaque pays a la faculté de le produire. C'est là qu'intervient la réflexion ricardienne.

Elle suggère la bonne idée que compte tenu de la présence des facteurs de production du coton, et de l'importance des échanges internationaux pour une économie, entre le premier et le deuxième, il faut introduire la spécialisation dans cette industrie textile : laisser à l'Angleterre qui est plus industrielle, le tissage, et au Portugal qui a l'avantage géographique et climatique de se spécialiser dans la culture du coton. Il serait ainsi le précurseur de la politique dite gagnant-gagnant qui semble faire du bien à certaines productions nationales des zones arriérées.

On serait tenté de n'y voir qu'un subterfuge pour camoufler la réalité de sa pensée. Les conditions naturelles peuvent être des conditions d'évolution. Dans le cas réel des pays d'Europe et des pays d'Afrique noire aux XIXe et XXe siècles (si ce n'est jusqu'au XXIe siècle), ces conditions sont ce que le progrès technique et scientifique a favorisé. Les premiers ont la technologie, c'est-à-dire le facteur du progrès, les seconds n'ont que l'offre brute de la nature. Aussi, chacun est rémunéré à ses facteurs.[22]

Ce débat économique, en apparence, cache en réalité un élément plus subtil : l'appréciation du système de besoins restreint chez les peuples du tiers-monde africain, qui n'a pas d'exigences particulières sur les matières premières de toutes sortes. Mais, avec le temps, la prise de conscience qu'il est fort possible de susciter l'envie de consommer chez ces populations par l'insertion de la monnaie devient un enjeu pour l'économie des pays occidentaux. Le répertoire des besoins s'agrandit ; le bien-être aussi.

VII. Le marché

Regardons un tant soit peu du côté de ces rassemblements en plein désert, où s'échangent chèvres, chameaux, sel, etc. Les échangistes ont aussi la particularité d'avoir la liberté comme seule boussole pour se rendre au lieu-dit du marché. Ils ne sont égarés ni par l'immensité de l'environnement désertique, ni par la chaleur et le risque d'un vent capable de les ensabler. Le lieu n'est pas le marché, mais le marché a un lieu[23].

L'échange est naturel ; il est mû par la concurrence horizontale et transversale. Ici, il n'y a ni recherche d'équilibre, ni rien, bien que la monnaie[24] soit le régulateur des échangistes. Contents d'avoir vendu la moitié de leur troupeau, ils ne sont pas mécontents de repartir avec l'autre moitié.

La lecture que l'on peut faire d'emblée de cet échange, c'est qu'il est assis sur le besoin *d'échanger* des individus. Ainsi, le marché n'est pas le fruit d'une construction intellectuelle occasionnée par quoi que ce soit. Il a pour fondement la liberté. Par conséquent, le principe proclamé du laissez faire n'est pas un principe fondateur ; il est l'expression d'une réaction contre la prise de contrôle d'une puissance qui s'érige en supérieur du marché. Ce que l'enseignement d'économie inculque aux africains (eux qui ont le vrai vécu du marché comme lieu — espace et temps — d'échange), est seulement la perspective du marché, comme la puissance de l'État a tendance à s'imposer sur l'échange.

L'enseignement est la forme sublime de transmission, c'est-à-dire de conversion des esprits pour une fin donnée, même non avouée. Quand l'enseignement résume le marché à ce qu'Adam Smith qualifie de « main invisible », la préoccupation de

---

rechercher l'essence de cette qualification devient caduque. Tout le monde en est fort satisfait en ce que cette formule simple, a la même puissance de conviction que l'idée de la divinité à laquelle elle prétend s'assimiler. Pourtant, laisser-faire paraît bien dans sa forme tout au moins, un slogan lancé, donc une réaction à l'endroit de quelque chose. De ce point de vue, la main invisible n'apparaît plus que l'expression idéologique[25] du laisser-faire ; d'autant plus que, comme le fait remarquer Keynes, « la formule laissez-faire ne se trouve pas dans les écrits d'Adam Smith, de Ricardo ou de Malthus. Chez aucun de ces auteurs l'idée n'est même présente sous une forme dogmatique ».

Le laissez-faire, comme le laissez-passer qui le rejoindra quelque temps seulement après, sont l'expression du désarroi de la société occidentale au XVIIIe siècle et au XIXe siècle, face à un pouvoir d'État qui tend à tout régenter (contrôler). Keynes rapporte le point de vue de l'archevêque Whately qui appréciait cette tendance comme suit : « Il adviendra vraisemblablement plus de mal que de bien, de presque toutes les ingérences du gouvernement dans les transactions monétaires humaines, tant le bail et la location que l'achat et la vente de toutes sortes ». La *vraie* liberté est « que chaque homme soit laissé libre de disposer de ses biens, de son temps, de sa force et de son habileté, et de les employer comme bon lui semble, pourvu qu'il ne porte pas préjudice à ces voisins ». Il ne disait pas mieux que J.-B. Say pour qui, le gouvernement ou encore l'État n'est qu'un mauvais entrepreneur presque par essence.

Say J.-B.[26] est un économiste français, contemporain de Ricardo. Il est donc du premier quart du XIXe siècle. Il est celui qui a exercé quelques métiers comme le journalisme, l'entrepreneuriat et l'enseignement. Il est parmi ceux qui étaient visés par la critique de Keynes. Parce que ses croyances et ses développements ne pouvaient être que porteur d'un certain degré de dangerosité pour l'activité économique. Pour lui, en effet, il n'y avait aucune raison de s'inquiéter de la bonne marche de l'économie : le système économique était une assez parfaite mécanique qui ne laissait aucune occasion d'un dérèglement débouchant sur une crise. En tous les cas, si, par une pure exception, l'état de crise devait apparaître, la seule chose qu'il ne fallait pas envisager, c'était d'en référer à une force extérieure au marché, l'État.

L'ultime tentative que ces déploiements intellectuels recèlent parait bien être le retour à l'état de nature. Mais, la société européenne de l'époque ne se voit plus dans cette perspective et cette réclamation sous-entend l'acceptation de la puissance de l'État, mais assouplie sur tout ce qui a attrait à l'activité économique, notamment de production des biens. C'est la problématique de laisser éclore les initiatives individuelles qui sont porteuses d'innovations, lesquelles font progresser la communauté.

La civilisation, c'est d'abord la limitation et la circonscription ; c'est ensuite la réglementation, c'est-à-dire la canalisation des esprits vers un intérêt communautaire. Tout cela étant acquis, on ne peut reprocher aux esprits de ces siècles d'avoir voulu conserver la liberté et la règlementation. Ils ne faisaient pas fi du marché. Cela en dépit de la présence signalée des esprits montrant la voie : pour se départir de la régence de l'État et se garantir la bonne tenue de ses initiatives, en réalité, quels que soient les secteurs sociaux, il n'y a rien de tel que le marché.

L'offre crée sa propre demande ; toute offre qui ne reçoit pas de demande disparaît toute seule, et il en est de même de la demande. En poursuivant bien, la régence serait tôt ou tard victime du même raisonnement. Elle a tendance à l'autodérision. La disparition de l'offre le prive de revenus substantiels et en dépit d'une demande potentielle, aucune possibilité d'offre ne lui sera affectée. Voilà que, implorer l'État d'être magnanime pour le bien-être collectif, le slogan de laissez-faire pouvait s'avérer contre-productif.

Bien entendu qu'une telle confiance au marché comme le moins mauvais des régulateurs répartiteurs de la richesse et partant du bien-être, ne pouvait avoir que des adeptes. Il est même étonnant que certains des détracteurs de cette forme d'analyse, qu'ils considèrent comme le résultat de l'extrême naïveté, accepteront d'être désignés comme néoclassiques ou bien marginalistes. De la deuxième moitié du XIXe siècle jusqu'à Keynes, celui-ci s'étant empressé de tuer le père, la pensée classique. Ils sont « néo» , parce qu'ils ont trouvé dans les développements des classiques les outils (ou les armes) essentiels de la guerre contre ces courants de pensée socialistes et marxistes. Leurs démonstrations sont très épiques. Si on écarte l'idée de l'égalitarisme dans la production-consommation, ce qui réhabilite le rôle puissant de la monnaie dans le système, on peut soutenir que l'élément déterminant dans la production, c'est la monnaie. Que, quel que soit le positionnement social dans le système de satisfaction des besoins, c'est à la marge que l'on trouvera l'élément manquant, curieusement éclairant, et pour ainsi dire déterminant, de l'existence. Il est condensé dans son utilité, mais à la marge : l'utilité marginale.

Cette trouvaille tenait le marché en haleine. Non pas que les classiques, en dépit de toute la perspicacité de leurs analyses, étaient incapables de se rendre compte de cette clé du bien-être - Ricardo l'avait bien perçu dans son analyse descriptive de l'activité bancaire -, mais que globalement, les objectifs poursuivis étaient autres. En effet, selon Ricardo D., le principe de la fixation de la valeur des choses ou des biens se trouve en ce « que la valeur réelle d'une chose se règle, non d'après les avantages accidentels dont peuvent jouir quelques-uns de ses producteurs, mais bien d'après la difficulté qu'éprouve le producteur le moins favorisé »[27]. En considérant la production totale, globale, sur un territoire donné, en considérant les capacités productives des différentes unités de production, celle qui est la moins favorisée se trouve tout naturellement à la marge dans le constat.

L'idée même de la marge est assez alambiquée à faire admettre. Quand il s'agit de la production, elle est plus audible. Mais, épingler au niveau de l'utilité, elle le devient moins. Comment l'utilité, un sentiment, ou un état psychologique, peut-elle se lire à la marge ? S'agissant de la production, dans le cadre d'une production mécanisée, à quel moment situer la dernière unité produite ou à produire ?[28] Au niveau de la consommation, comment établir le point de satisfaction ? Entre l'américain qui consomme 15 kg de viande l'année, ce qui lui procure certes du plaisir, mais le met en situation physique délicate quand son poids affiche sans peine un chiffre alarmant, et l'africain qui n'en consomme que le 1/5, mais consomme des kilos de végétaux qui lui procure aussi du plaisir, ce que l'américain rejette, si ce n'est la guerre psychologique que se livre l'américain et l'africain, comment valablement asséner que l'on peut réconcilier ces deux tendances par la méthode à la marge ?

Alors, la marge est mouvante selon les circonstances. La marge dans le commerce, c'est la dernière unité vendue qui permet d'égaliser les coûts d'approvisionnement. Dès l'instant où la 50e unité vendue, a permis de couvrir la valeur de l'approvisionnement, le commerçant peut arrêter son activité, ou choisir de continuer. S'il opte pour la poursuite de l'activité, cela lui permettra de réaliser un profit plus consistant, et donc une satisfaction plus intense. Là, on voit bien l'apport de cette découverte, son importance dans l'émergence de la microéconomie, c'est-à-dire la connaissance systématisée de l'individu dans ses interventions dans le monde économique.

Il reste que l'utilité n'est qu'un sentiment. C'est en cela, par exemple, qu'il est difficile d'établir les limites de l'utilité et la désutilité, pour un individu donné, dans la société, et pour une société. L'école marginaliste ne donne pas de définition exacte de l'utilité se contentant de se ranger derrière l'idée qu'on se fait couramment de celle-ci : c'est l'utilité-usage.

Cette acception part déjà des philosophes grecs qui, malgré tout, ont pris conscience de la nécessité de l'approfondir pour l'éclairer. Car, l'usage peut prendre aussi différentes formes. Par exemple, il est une utilité sociale qui ne s'exprime que paradoxalement : l'éducation. C'est un bien collectif dont la consommation est vitale pour la société humaine. On imagine à peine comment l'école grecque fit son apparition ; on sait en revanche qu'elle prit allure bien organisée autour de l'exigence de la maîtrise de la méthodologie comme ferment de la connaissance.

Socrate est un philosophe de cette Grèce resplendissante - à la suite de l'Égypte, de la Perse, de la Chine -, qui est parmi les plus grands. C'est l'Abraham de la philosophie occidentale. Il s'impose une certaine méthode dans la réflexion ; il la transmet à des élèves dont Platon qui poursuit l'organisation de la méthode, la renforce et fonde l'école pour initier et former. Sortira de cette école, un certain Aristote qui systématise l'apprentissage de la méthode et invente la méthodologie, une vraie science qui s'appliquera à toutes sortes de sciences. L'école procurera un avantage certain à toute société humaine qui la consacre comme le meilleur garant de l'existence. Elle a donné l'ascendant de la société européenne sur les autres sociétés humaines. Certes, qui ne va pas à l'école, n'en meurt pas pour autant. Mais, les écarts dans l'évolution des sociétés humaines actuelles, en est la meilleure preuve de son utilité : les sociétés dans lesquelles l'école est consacrée comme déterminante, ont pu se voir croître leur pouvoir, et donc leur puissance de domination. Ainsi, que l'on peut soutenir, à la suite du courant économique marginaliste, que c'est à la marge, constituée des pays dits pauvres, qu'on apprécie le mieux le niveau de développement des pays dits développés.

L'école s'apprécie-t-elle à la marge ? Cette question qui semble sortir des bas-fonds des préoccupations marginalistes est très paradoxale. La recherche de la réponse est guidée par l'objectif de l'école.

Dans l'esprit des penseurs économistes du XIXe siècle, cette question de la marge est essentiellement liée à l'efficience du système de production des biens et services, c'est-à-dire à la meilleure forme d'organisation du travail qui donne le meilleur résultat. L'athlète qui court mille mètres, a besoin d'une quantité d'eau pour étancher sa soif. Désormais, il faut prévoir une telle quantité d'eau pour permettre à l'athlète de poursuivre cette activité. Sous le terme d'athlète, se cache la spécialisation qui, malgré toute apparence, ne contrarie pas le raisonnement marginaliste. Ce que recherche chaque athlète dans sa spécialité, c'est d'atteindre le point de butée où tout effort de plus est presque impossible. C'est cela qui lui permet d'apprécier l'effort fourni. Est-ce que la spécialisation est une forme de gestion de la marge de l'offre de sport pris dans sa globalité ?

Que dire de l'école ? Est-elle plus proche de l'entreprise ou de l'athlète ? Il y a des deux, convient-il mieux de dire. Pour revenir au cas du développement et du sous-développement, on dirait que la marge de l'école, celle qui donne la qualité de l'école, serait le taux d'échec aux examens.

Ce fut une donnée réelle dans le système scolaire pendant une période donnée, dans les pays colonisés et peut-être bien en métropole. Durant cette période, les besoins en main-d'œuvre qualifiée du système d'exploitation coloniale sont infimes. La société a un besoin réel d'une population scolarisée qui soit à même d'apporter une offre spontanée aux différentes étapes de l'évolution de l'exploitation coloniale. On scolarise le plus possible, en appliquant cependant la politique de l'entonnoir renversé. Le risque était bien évalué d'une telle politique. Il est en rapport avec le désengagement continu du colon de certaines tâches dans le système d'exploitation au profit de l'emploi indigène. On imagine bien qu'il s'agit des tâches peu spécialisées que la scolarisation permet de transférer aux individus colonisés.

Cela a cependant continué au-delà de la fin du système colonial. Cette politique scolaire a été maintenue dans sa forme par l'élite politique dans cette région du monde, avec les conséquences que l'on enregistre.

Avec un objectif aussi noble, la détermination de la marge pour le système scolaire s'accomplit en liaison étroite avec les progrès attendus et réalisés par la société. N'importe quelle école digne de ce nom ne peut se satisfaire des échecs aux examens de ses élèves. Et, la société de progrès ne saurait se contenter de la publicité autour de cela. C'est pour les résultats finaux obtenus par une entreprise scolaire donnée, que la demande pour y entrer excède l'offre de places et que, compte tenu de la nature de la formation-production, le marché fixe des règles : le concours d'entrée. Il serait sans sens si, sur le marché du travail, l'étudiant sorti du cycle de formation est en proie à l'indifférence de la demande de travail. L'efficience de la formation à l'université d'Harvard se mesure par le temps court pendant lequel l'étudiant accomplit son passage du monde de l'école au monde de la production. Ce temps est raccourci grâce à l'expérience vécue par le marché du travail de la réactivité au profit de l'entreprise de l'ancien étudiant. Ensuite, vu les transformations sociales continues, il ne paraît pas opportun de poser — même de manière prospective – l'interrogation sur l'intemporalité de la formation à l'université d'Harvard.

Ainsi, le marginalisme paraît avoir apporté de la lueur supplémentaire pour mieux analyser le système social de production des biens et services, qui assurent l'évolution. C'est largement suffisant pour qu'il fasse encore l'objet de réflexion pour une sorte d'actualisation. En Afrique noire particulièrement, son intérêt est croissant dans l'enseignement, mais peut-être moins dans la recherche.

Le keynésianisme - anglicisme très fortement médiatisé par la littérature francophone - et le marginalisme se disputent toujours l'excellence. Le fait que la paupérisation croissante de la population soit aussi le fait social le plus remarqué, ne contrarie le moins du monde cette dispute. Plutôt, l'engouement pour une intégration sociale de ces fondements théoriques dans cette zone socioéconomique est l'indicateur d'une activité scientifique de premier ordre.

Pourtant, l'enrichissement n'exclut pas l'apport : quel est l'apport de l'analyse socioéconomique des échanges dans ce milieu, est aussi une façon de s'intégrer dans la mondialisation intellectuelle. Le marché, par exemple, qui est par excellence la matrice même de l'activité économique, n'a pu susciter un intérêt que tardivement. Ceux que l'on prétend comme les inventeurs de cette science, les physiocrates et les mercantilistes (des termes barbares pour l'Africain), puis surtout Adam Smith, ne prononcent que rarement ce mot. Ils sont les organisateurs dans le monde européen des réflexions à partir des constats, des écrits sur cette question de la production des biens et services d'existence, de la circulation de ces biens et services et du poids social du pouvoir d'État. — Ce n'est pas un reproche, ni une manière de sous-estimer leur apport à l'évolution sociale.

Pour dire seulement que, à quelque période que ce soit de l'existence, les préoccupations sont l'expression du poids social sur l'évolution. Dans l'Égypte antique, la question de la production des biens d'existence s'était bien posée. C'est dans les crues du Nil que se fixaient les intentions de résolution.

Dans la Grèce puis la Rome antique — celle qui fut l'apogée de l'organisation sociale la plus efficiente de l'Antiquité, un État qui représentait la souveraineté même, celle du dicton 'tous chemins mènent à Rome – c'est toujours cette préoccupation qui demeure primordiale : les guerres pour l'extension des zones sur lesquelles s'exerce le pouvoir romain sont assez souvent décidées sur la base de l'évaluation des stocks de nourriture.

Les premiers organisateurs des idées sur ce qu'on admet aujourd'hui, grâce à eux, comme la richesse des nations, avaient leur centre d'intérêt. Mais, le centre d'intérêt en matière de travail intellectuel est fortement dépendant de l'environnement humain. On ne pourra pas reprocher aux illustres penseurs du XIXe siècle, de n'avoir pas pris en compte le sport dans leurs analyses. Dans la démarche scientifique, il y a une problématique qui est l'expression même de l'intérêt d'une question donnée, mais il y a aussi les heureux imprévus qui émergent au fur et à mesure. Les questions d'épargne et de l'investissement ont fait la gloire d'un certain Keynes. Le rôle socioéconomique de ces deux facteurs dans l'évolution sociale n'a pas été découvert par lui. Le travail intellectuel de De Gournay sur la fonction du capital et de l'intérêt dans la création de la richesse nationale, avait déjà été éclipsé par les développements plus récents de Turgot. En fait, c'est parce que le marché dans le monde occidental dans les années trente du XXe siècle s'est affaissé, que l'on assiste à une sorte de résurrection des facteurs sociaux et financiers qui étaient trop souvent réservés à l'activité lucrative de négoces. En négociant le virage de la transformation du capital en investissement et de l'épargne qui a ses motifs, lesquels enrichissent l'épargnant, la consommation peut être relancée, ce qui relance à son tour la production, et le marché est réanimé. C'est pourtant ici que le travail intellectuel démontre la détermination de l'environnement sur l'intellect.

La tentation d'inclinaison de la pensée économique vers la démarche de la physique est une autre preuve de la détermination de l'environnement. Elle semble devoir son amorce à F. Quesnay[29] dont les compétences scientifiques médicales le conduisent à mieux comprendre le *comment et le pourquoi* de la richesse d'une nation. Depuis, selon toute vraisemblance, l'appui de la science est recherché pour apporter la rigueur dans la démonstration et affiner les connaissances.

La première tentative de la mathématisation date de la fin du XVIIIe siècle et pendant le XIXe siècle[30]. Elle sera submergée rapidement par l'apparition sur la scène économique, des praticiens du négoce et des entrepreneurs, qui livrent leur expérience ; ce qui est plus convaincant.

Ce qui est recherché en réalité, c'est la précision. Par la mathématisation, les économistes ont voulu couper court avec les critiques venues de l'extérieur, sur leur science, où les débats étaient sans réelle conclusion : à l'issue de controverses parfois abondantes, il demeurait que la valeur n'avait pas de définition précise communément admise.

Le marginalisme est une théorie sur comment parvenir au bien-être en usant de la monnaie comme catalyseur et du marché comme répartiteur. Comme telle, elle soulève d'énormes interrogations qu'elle a vite fait d'étouffer sous le gang de la scientificité par la mathématique :

1°) La répartition, c'est-à-dire la poursuite par la société de la satisfaction collective par la satisfaction individuelle. Une idée très manichéenne en ce qu'elle n'est pas une préoccupation de l'entrepreneur. En reprenant l'idée esquissée plus haut, qu'il y a une marge à tout - c'est en cela que le marginalisme peut être considéré comme scientifique puisqu'à volupté universelle - la marge de l'industrialisation est la production vivrière et de cueillette. Dans ce système sociétal, les besoins ne sont pas circonscrits ; pas plus ici que dans la société dominée par la manufacture, puis l'industrie. Les besoins sont conglomérés au sein d'un système, ce qui signifie qu'ils sont en constante

---

évolution. C'est le fondement de l'échange. Vouloir à tout prix séquencer l'échange pour en isoler son gène financier, et prétendre que le marginalisme se préoccupe surtout des prix dans leur aspect monétaire, prix qui se retrouvent par ce biais au centre du système productif, peut-être *vrai*, est un argument de poids dans la réfutation de cette procédure analytique dans sa prétention à l'universalité scientifique.

2°) L'importance prise par la monnaie dans la méthodologie marginaliste brise sa prétention scientifique, en ce que les transactions au sein des sociétés humaines ne sont pas réductibles à la seule condition monétaire. L'universalité de cette pensée économique n'est déclarée possible que par le biais de la puissance colonisatrice des puissances coloniales que sont les pays occidentaux. Aucune possibilité de compréhension dynamique de la nature d'autres sociétés humaines non occidentales n'est vraiment donnée. Pourtant, dans ces sociétés humaines, l'échange n'est ni à risque nul, ni conditionné par quelque valeur de référence que ce soit : il est réglé par une satisfaction ambivalente du contact humain et du besoin physiologique. Le marginalisme apparaît alors comme une arme, une déclaration de guerre contre de telles organisations humaines à prétentions non satisfaisantes pour le marché marginaliste.

On peut admettre, sans trop de risque de s'en mordre les doigts, que le marginalisme est une méthodologie dans l'analyse des coûts dans l'entreprise. Toutefois, elle ne concernerait pas toutes les branches de production. Pour le fait visible que certaines sociétés humaines ont fait de l'inégalité sociale, un principe d'évolution. Il se pourrait alors que la prétention à la globalisation pour mieux appréhender les aspects de travail, de la productivité, du financement et investissement, soit ni plus ni moins une stratégie de dissimulation. Ce qu'on qualifie d'indicateurs économiques serait une somme d'informations à l'intention des investisseurs, et ne serait que cela.

Grâce à Keynes, l'indicateur a pris toute la mesure de son importance dans cette dissimulation. Prétendre, par exemple, ouvrir les yeux à la population qui s'adonne à la pratique de sombrer dans l'utopie en pensant que chaque individu dans une société industrialisée pourrait avoir un emploi dans une période donnée, en annonçant que le plein emploi n'est pas synonyme de l'emploi pour tous, curieusement lui a valu tant d'éloges.

En effet, tant qu'on s'en remettait à la théorisation, la consistance du corps du raisonnement ne laissait aucune chance à toute contestation. Même l'espoir d'une possible confrontation aux faits sociaux spécifiques était fortement réprimée par le matraquage intellectuel.

Bref ! Ainsi, on ne pouvait reprocher à Keynes d'avoir introduit cette vision de l'analyse économique, d'autant plus qu'elle avait permis de décanter la situation économique, de relancer l'initiative économique et par la suite le redéploiement de l'activité économique. C'est ainsi que le fameux keynésianisme était apparu, que le marginalisme avait été éclipsé pendant longtemps et que le marxisme a été cloué aux piloris. Malgré tout, selon la règle que le nouveau a toujours son sous-bassement dans l'ancien.

Il peut paraître opportun de poser la question de l'utilité de la globalisation dans un pays africain. Celle-ci n'a de l'efficience que dans un contexte spécifique où le marché est soutenu par l'existence d'une classe moyenne réellement satisfaisante démographiquement. C'est dans cette logique que l'on p e u t entreprendre d'a c c e p t e r la d é t e r m i n a t i o n keynésienne comprise comme u n taux de plein-emploi q u i serait seulement une façon de représenter la taille du marché, laquelle serait optimale pour l'ensemble des entreprises. Quatre pour cent signifieraient que quatre-vingt-seize (96) pour cent de la population disposant d'un revenu stable, constituent la garantie pour une stabilité du système productif. Or, l'évolution des économies de l'Afrique centrale présente une physionomie spécifique, différente. La classe moyenne y est quasi inexistante démographiquement ; de même, quand ce premier critère est estimé satisfaisant, son niveau de revenu est si bas qu'elle est incapable de jouer son rôle. Il est à noter que cette idée indicative de la classe moyenne est récente.

Au moment de la découverte de la marge comme élément déterminant dans la compréhension des phénomènes économiques, il n'y avait que les classes sociales. C'est avec la marge qu'est adoptée la méthodologie des sciences dites dures. On découvre, l'utilité de l'isolement du fait économique pour mieux le comprendre dans son fonctionnement. Le système économique de production est enfermé dans un laboratoire, pour dissection. L'expérience ainsi menée se déroule en économie fermée. À la suite de quoi l'économie *ouverte* en tirera profit.

L'obstination de la pensée économique à se montrer scientifique pousse au mimétisme de la pratique des sciences. C'est dans l'expérimentation que la science est science ; aussi, ce qui n'est pas apte à l'expérimentation est tout naturellement exclu du champ de la science. Voilà pourquoi, la pensée économique tente de créer des modèles à partir d'une expérimentation des actes humains pour en tirer une meilleure connaissance, et donc des solutions plus aptes. C'est l'économie fermée. L'économie ouverte est ce champ d'action où se déroule la vie normale, une vie réglée par les échanges entre les individus dans un territoire et entre des territoires.

Le problème est que l'expérimentation en milieu non pas fermé, mais restreint, de la méthodologie de la biologie ou de la physique n'a rien de commun avec le concept d'économie fermée/ouverte.[31] Dans les sciences dures, le passage de la découverte théorique à l'application pratique pose moins de problèmes.

Peut-être que l'expérimentation était utile dans la compréhension des phénomènes économiques. Surtout si l'on pense que Keynes n'avait pas pu déroger à la tentation de l'expérimentation pour asseoir son raisonnement. Mais par l'effet de l'industrie d'exploitation, un pays peut globalement disposer de revenus substantiels. L'applicabilité des concepts en devient tout autant peu réaliste.

Pour être réaliste, entre le marginalisme et le keynésianisme (peut-être mieux le keynésisme pour sauver la francophonie), les Africains devraient s'inspirer du modèle de développement des pays asiatiques. Keynes avait tort de penser que sa théorie était réservée aux économies occidentales de marché. Tout cela parce que lui-même croyait n'avoir été inspiré que par la crise économique occidentale à laquelle il fallait trouver le remède miracle. Mais, le keynésianisme a ceci de pratique pour les économies en développement, sur le modèle du développement occidental, que l'État pouvait être au centre du jeu économique, lorsque surtout, le triptyque épargne-investissement-taux d'intérêt peine à émerger dans des marchés paralysés par l'ignorance et l'indolence économiques des ménages. Si Keynes a émis l'idée que la demande effective peut avoir comme principal acteur les pouvoirs publics, là, il cloue le marginalisme qui craignait plutôt de perdre la face, puisqu'il était au sommet de la pensée économique.

Aussi surprenante est cette réaction d'un spécialiste africain de l'économie : devant le programme en exécution de réfection des routes, les usagers de la route maugréaient, parce que selon certains, ce travail aurait pu être effectué de nuit, quand la circulation est moins dense ; ce à quoi le théoricien national de l'économie répliquait : « Pourtant, c'est le keynésianisme qui est appliqué ; cela créée de l'emploi qui permettra de relancer la production. »

Dans la logique classique, l'État doit s'assigner à un rôle auquel le comportement naturel humain l'a affecté d'office : Pour le classicisme économique, le marché en lui-même — bien que seul et meilleur régulateur des offres et des demandes — peut être un moment redoutable pour la survie de la société ; qu'une structure qui a du poids sur cette société prenne sur elle de fixer des règles de fonctionnement garantissant à tous leur survie, est tout ce qu'il y a de souhaitable ; c'est l'État.

Sur cette évocation, les marginalistes sont les héritiers des classiques, et leur raisonnement est errement pour les spécialistes en courtage de la pensée économique en Afrique. En situation d'anciennes colonies, à moins de se sentir capable d'aller à la reconquête de l'histoire, c'est sur la pensée keynésienne que l'attention devrait être le plus affablement portée. Errements, parce qu'il n'y a rien à attendre d'un concept de marché prétendument nouveau, alors que dans les faits le marché a toujours régulé d'office les échanges marchands. De même que les questions du déterminisme de la marge dans la démarche entrepreneuriale ne sont pas dans le déterminisme économique de la décision entrepreneuriale. Ainsi parfois, on se demande, dans ce monde d'une série continuelle de « pas de géant pour l'humanité » (formule de Neil Armstrong, l'astronaute), si vouloir trop s'accrocher au déterminisme de la marge ne mettrait pas en porte-à-faux avec le désir ardent pour les africains de voir le triomphe du marché sur l'évolution positive des sociétés africaines ? Parce que ce sont les désirs, débouchant sur les plaisirs, qui sont portés au firmament de la production. Cela n'est pas nouveau.

La théorie économique seule est responsable de cette apparence nouvelle d'une situation et d'un contexte qui, en eux-mêmes, ne se modifient que très lentement. Les plaisirs sont à l'origine de l'échange, et c'est par l'effet de recherche des choses pratiques, que les objets ont pris le dessus sur les plaisirs. Sinon, l'économie comme discipline scientifique n'aurait jamais pu voir le jour. Mais, laissons ici le keynésianisme et le marginalisme, pour s'intéresser au marché, qui ne saurait être leur découverte exclusive.

7.1. Le marché, qu'est-ce ?

« [...]. Tout au contraire, il s'agit, au sens strict, d'un problème économique ou, pour le dire mieux, parce que cela suggère un lien entre la théorie économique et l'art de l'homme d'État, un problème d'économie politique. »

« J'ai attiré l'attention sur la nature du problème parce qu'elle indique d'elle-même la nature du remède. »

Ainsi, Keynes prend ses distances envers les néoclassiques, en montrant les limites du marché à la régulation. Et, donc, qu'est-ce que le marché ? Pour sûr, sans l'échange, il n'y a pas de marché. Ensuite, il n'y a de marché que là où il y a un gain. Un tel constat ne pouvait satisfaire une discipline qui affichait des prétentions réelles sur la société.

L'apparition des controverses ne tardait pas ; ce qui aboutissait à des développements souvent redondants, pourvu que le sujet puisse parvenir à impressionner.[32] Comme les biens de l'échange sont portés par des individus, la supposition que cet acte ait un coût parait relever de l'évidence.

Voilà comment, d'évidence en révélation d'évidences, une théorie s'est formée autour d'une question qui semblait pourtant simple. Et, ces révélations montrent jusqu'à quel point l'individu est ignorant.[33] De là apparaîtra la très péremptoire théorie de l'information. Le comportement des individus sur le marché est réglé par leur positionnement face à l'information ou pourquoi pas, face à une multitude d'informations qu'on se doit d'apprendre à gérer. Le gain, c'est-à-dire la satisfaction, résulte de cette capacité à analyser cette masse d'informations.

La théorie de l'information n'est satisfaisante que pour poursuivre dans le déroulé des fondements du marché, la concurrence par exemple. L'information conditionne la concurrence. Toutefois, la concurrence ne conditionne pas le marché. Sans la concurrence, le marché existe quand même. Avec elle, les échanges s'en trouveront plus développés.

Le marché est atypique. Le fait qu'on lui ait trouvé la bonne formule pour éviter des développements coûteux ne lui évite en rien ce tempérament atypique. La formule magique de l'offre et la demande peut réserver quelques surprises dès l'instant où elle se cache sous une évidence. L'une des surprises viendrait de la fameuse loi des débouchés, laquelle trouve dans cette formule sa concrétisation. Excepté que l'offre peut ne pas susciter de demande et que la demande, comme elle est le plus souvent dans le registre du potentiel, peut ne pas correspondre à l'offre existante. Premièrement, sur le marché des œuvres d'art, le désir est l'unique guide. Ce qui relève du désir n'a pas de prix, selon l'expression populaire, parce que sa valeur est hors de prix ; voilà comment l'œuvre d'art prend de la valeur avec le temps. Ensuite, sur ce marché, la concurrence est non seulement absente par le jeu social, mais n'aurait pas pu influencer ni l'amont, ni l'aval de l'œuvre. Le même désir qui influence le peintre à peindre, est le même désir qui influence l'acquéreur à acquérir l'œuvre d'art. Toute l'astuce de la détermination de la valeur des choses est là sur ce marché de l'art. Le keynésianisme s'en fut saisi pour développer ses différentes appréhensions de la monnaie. Une forme particulière d'accumuler, mais surtout de protéger ses avoirs. Les taux d'intérêt ne couvrent pas les risques de dépréciation. Le comportement économique humain n'a pas encore découvert autre moyen plus sécurisant pour ses avoirs, autre que la prestidigitation de l'œuvre d'art. Deuxièmement, la notion de coût de production n'apparaît plus que comme une pirouette pour contrecarrer la concurrence.

Dans l'analyse économique, la théorie des coûts est à l'origine de tout. Il est dans l'esprit de tous que c'est par défaut d'analyse des coûts que nombre d'entreprises africaines ne survivent pas. C'est par l'analyse des coûts que se détermine la valeur, et notamment la valeur-prix, dans l'échange, même direct et sans références. Même dans le don, dès l'instant où cela s'inscrit dans la mémoire comme une dette, la notion de valeur-prix y est intrinsèque, dirait-on !

Et, pourquoi pas. Mais, la valeur-prix n'est pas plus quantifiable que toute autre valeur. Les coûts de production ne déterminent pas la valeur-prix de cession d'un bien ou service donné.

Il est une notion dans la vie économique d'une société occidentale qui est presque sublimée dans l'analyse économique ; elle est restituée assez magnifiquement dans ce commentaire-ci : « Vente aux enchères d'une auto Citroën SM, carburateur, de 1972, prix estimé entre 35 000 et 55 000 euros, issue de la remarquable collection de Richard Romagny qui en avait fait l'acquisition en 2015 ». L'annonce est de novembre 2021.

Qu'est-ce que la collection ? En quoi, est-elle moment de valeur ajoutée, pour un bien qui a été utilisé, un bien qui, selon l'analyse économique, perd de sa valeur concomitamment au temps qui passe ? Est-ce une autre forme d'expression d'un des motifs keynésiens du désir humain de la monnaie ?

Ce qui devrait être surprenant, non pas comme exemple type de la dégradation de la valeur - les objets dans cette catégorie sont très sensibles aux avaries du temps - mais comme retournement de situation que seul le complexe culturel en détiendrait le secret.

Le marché d'objets de collection ne fonctionne pas comme le marché des biens courants. C'est à la faveur de ce fonctionnement atypique que le secteur du logement n'est pas en faillite pour les mêmes raisons que celui de l'automobile par exemple. Le logement ne perd pas de la valeur. Dans ce domaine, les prix d'un logement neuf ont la particularité d'entraîner les prix du vieux logement. Alors que l'utilisation de l'automobile lui est préjudiciable ; une décote lui sera appliquée chaque année qui passe. Dans une vente aux enchères, les prix peuvent prendre allure très insolite, lorsque le prix aux enchères dépasse le prix courant dans le commerce du neuf. La valeur dans ces conditions s'appuie sur un mythe, le fait que l'objet exhibé ait appartenu à une célébrité.

Mais, pas n'importe quelle célébrité. Tout ceci est très socialement et culturellement marqué. Et, ce qui est socialement et culturellement marqué défie les lois économiques des coûts de production. Les coûts de revient n'existent plus, le désir d'être qui anime l'individu plombe tout. L'évolution sociale a tendance à s'imposer dans la valeur du logement. On peut noter le fait que dans les quartiers marginaux occupés massivement par la classe aux revenus les moins élevés, le prix de vente est facilement divisé par deux. Ce qui entraîne à rejoindre le principe de l'offre et de la demande. Mais, ce n'est guère ce principe qui dicte ces prix.

Toute une branche de l'industrie automobile n'est fondée que sur ce ressentiment humain. Il est parfaitement évident que le progrès technique dans ce secteur n'a pas eu seulement comme conséquence une production de masse, mais également une amélioration de la qualité de la production. Les coûts de production sont abaissés, la productivité est améliorée, les coûts de revient baissent, la demande devient plus importante, les capacités d'investissement des entreprises s'améliorent. Or, la branche automobile, comme l'horlogerie, fondée sur le seul ressentiment humain, n'a de cesse de promouvoir une logique atavique. Personne n'y voit à redire, tant que le sens humain de la différenciation sociale, de la distinction culturelle, animera l'individu.

Sur le marché, on en apprend plus en écoutant dans la vie quotidienne[34], qu'en s'enfermant dans le néo-classicisme marginal. Ou alors que la première moitié du XIXe siècle avait mieux perçu la difficulté d'un sujet aux contours fuyants, tel que l'expression « offre » et « demande » lui parut comme le meilleur condensé.

Expression pour le moins très anesthésiante pour les économistes assujettis des aires sociales culturellement asservies. Car, on bute toujours sur le fait de savoir, qu'est-ce qui est de l'offre et qu'est-ce qui est de la demande, ici surtout, et ailleurs aussi. Si l'économiste n'avait pas cru nécessaire de rompre immédiatement avec son père, le philosophe, il ne se serait pas précipité à édicter cette loi[35] : parce que, l'homme est « désir » et c'est de cet élément constitutif qu'est sorti la demande : l'homme demande sans cesse. C'est cette caractéristique humaine qui est à l'origine de tout progrès. C'est par elle que s'est accompli le saut technique qui émaille l'évolution humaine, de la cueillette à la culture et à l'agriculture, de la chasse à l'élevage, du produit brut au produit transformé, de l'artisanat à la manufacture et à l'industrie, des biens de consommation matériels aux consommations des biens services, etc. C'est bluffé par l'importance de la pauvreté dans la société que la pensée classique pensait qu'on offrait d'abord et que la demande s'ensuivait.

Ainsi, de la théorie de la loi dite des débouchés de la pensée économique du XIXe siècle : une loi terrifiante pour les pays, anciennes colonies, où des pans entiers de la population attendent de recueillir la manne ; ils ne saisissent pas l'importance de s'insérer dans le circuit de la production ; ils attendent l'aumône de l'Etat providence qui les y encouragent par ailleurs ; ce qui est à l'opposé du bon usage d'une théorie qui est une arme d'une efficacité redoutable contre le sous-développement. Elle est essentiellement une théorie de l'impossibilité de la crise dans le système économique national, impossibilité qui ne peut être rompue que si apparaissent, dans la chaîne sociale de l'offre, des ratés, des cassures. Ces ratés, ces cassures, sont constituées par les prétendus pauvres qui n'ont rien à donner en échange, ce qui provoque des dysfonctionnements[36].

Théoriquement, il ne devrait pas y avoir de surproduction tant que tout le monde tient sa place dans le circuit économique et financier et social. Les ruptures sont alors prévues comme impossibles à apparaître, à moins de subir la loi d'une force majeure extérieure, par exemple, la guerre ou un fait naturel de toutes sortes ayant un impact considérable sur l'évolution. Par conséquent, la loi de la demande et de l'offre est une loi naturelle parce qu'elle est au commencement même de la société humaine.

Dans les aires géographiques où l'individu s'est évertué à la maîtrise de ses impulsions, la demande a été, par ce fait, contenue, et l'évolution s'est trouvée ralentie. Ayant observé ce fait par la découverte des tribus lointaines peu évoluées, la pensée occidentale a établi un schéma d'évolution, souvent transmis aux générations suivantes par l'enseignement, comme le schéma quasi naturel de croissance, les étapes par lesquelles toute société est censée passer. L'ethnologie et l'archéologie sont les autres disciplines spécialisées sur l'évolution humaine qui, par une certaine neutralité scientifique, sont en réalité les véritables supports de cette théorie.

Il ne s'agit pas seulement d'un jeu de mots. Croire, par effet d'optique, que l'offre est première, que la demande ne serait plus qu'une conséquence, revient à demeurer dans la situation de Robinson Crusoé, une situation de non-progrès. Mais, surtout, qu'on ne peut se rendre compte de l'impact idéologique de cette liaison déductive : on offre en se donnant les moyens de forcer la demande, la valeur-prix s'en reflètera ; c'est ce à quoi on assiste avec les matières premières en dépit de leur nécessité ; si c'est la demande qui fait appel, la valeur-prix s'en ressent ; c'est une situation non désirable.

L'agriculture commence par le fait de la pression démographique sur la cueillette. Le besoin de diversification

---

apparaît uniquement par le fait de la même pression, ainsi que les modifications dans le travail. Ce qu'on qualifie par les attentes des gens sont en fin de compte l'expression anticipée de la demande[37].

La disparition sur le marché des entreprises produisant des biens de consommation de masse s'explique plus naturellement par leur incapacité à décoder cette demande. Bien entendu, l'explication courante avancée pour justifier ces disparitions joue sur un autre registre, celui des fameux coûts de production ; les entrepreneurs des temps modernes, de la fin du XIXe siècle jusqu'à nos jours (se calfeutrant derrière le politique) accusent sans cesse les charges de production, les charges salariales ainsi que la fiscalité, d'assommer leur activité. Ces arguments sont devenus leur arme ultime contre les revendications sociales de leurs salariés. En réalité, ils sont conscients que leurs stratégies de développement sont essentiellement la cause de leur chute. Car, dans le monde de la concurrence, les erreurs d'appréciation de la demande sont souvent fatales. Le concurrent ne vous attend pas ; la bataille est rude ; tant qu'il peut prendre de l'avance sur l'autre, il y mettra tout pour apporter le coup fatal.

La demande effective de Keynes est l'un des points de rupture saillants entre sa pensée et la pensée classique. C'est par elle que la problématique de l'État reprend toute sa place dans l'analyse économique. Cette place que l'histoire de la pensée économique, puis la théorisation économique qui a suivi, a souvent tenu pour marginal ; ce qui est une aberration. Si l'archéologie était bien assise avant le XXe siècle, l'histoire des techniques aurait permis de voir les évolutions en la matière par une meilleure connaissance des pôles de pouvoir politique qui étaient aussi des centres de rayonnement économique et financier.

L'aménagement du territoire, l'urbanisation et l'habitat, prennent rapidement la physionomie des pôles de croissance économique, qui reflètent la puissance du pouvoir des monarques[38]. Que l'on ait eu affaire à une main d'œuvre gratuite ou non, les constructions des palais ainsi que celles des pyramides renseignaient déjà sur l'importance des effets multiplicateurs sur l'emploi, puis sur l'offre de biens de consommations, c'est-à-dire sur l'organisation de la production en amont pour rendre solvable cette demande. Le progrès est assujetti à la puissance de l'État.

L'idée que le progrès et ses effets sur la société humaine est redevable de l'organisation sociale qui elle-même est redevable à la soif de domination des individus sur les autres, n'est pas seulement une impression d'optique. C'est en poursuivant l'autonomie de la pensée économique par rapport au reste de conceptions humaines que ce fait social a été marginalisé dans l'analyse économique. Ainsi, pourtant, toute l'évolution humaine est faite d'étapes de violence physique, littéraire et verbale qui a pour effet de permettre des sauts techniques et organisationnels. Il ne s'agit pas ici de la scission de la société en classes sociales chère à Karl Marx, ce philosophe humaniste et économiste, un esprit à la puissance exceptionnelle, dont le rêve avait secoué le monde en proie à des inégalités sociales qui pouvaient représenter un véritable danger pour la stabilité mondiale.

La formation de la société humaine est la résultante de la violence due à la soif de domination qui est en chaque individu. Ainsi, du début de la formation des sociétés humaines jusqu'à aujourd'hui, l'histoire de l'évolution est une histoire de la recherche continuelle des moyens, pour un individu ou groupe d'individus, de s'assurer l'ascendance sur les autres. Cette soif, qui est la demande de pouvoir de domination, trouve son exécutoire en la guerre. Celle-ci est un moment important dans l'innovation, l'organisation et les progrès divers.

C'est cette clef de l'évolution que la théorie économique a tenu à garder secrète pour les sociétés humaines dominées. Aussi, ni le marginalisme et sa prétendue modélisation mathématique, ni le keynésianisme et ses prétentions à l'innovation par des concepts clés pour comprendre quoi (?) et faire quoi (?), ne sont aptes à apporter une explication satisfaisante à l'involution constatée des sociétés humaines sous le joug du pillage de leurs ressources. Parce que le capital est le résultat de la violence, et l'investissement, est le résultat de la soif de domination. Or, ce sont les sociétés humaines aguerries à l'art de la guerre qui ont la main mise sur le capital, et ce sont elles, qui ont une soif immodérée à la domination.

C'est de ce constat maintenu à la marge qu'ont émergé les subterfuges connus sous le fallacieux concept d'économie extravertie pour qualifier ces sociétés humaines[39]. Ni l'extraversion, ni son contraire, ne sont envisagés par la pensée économique comme satisfaisant du point de vue de la croissance économique.

7.2. Le défi de la consommation et la monnaie.

Ce monde est parfois insaisissable. L'un des moments le plus dramatique pour le citoyen de seconde zone, c'est quand il doit affronter une réalité qui peut présenter un côté absurde très prononcée. Quand il doit être en face d'une consommation dont le sentiment du quiproquo est vif. Quand on lui dit qu'un bien qui a été consommé, au lieu de perdre sa valeur, en gagne plutôt : C'est la vente aux enchères. On y revient, malgré nous.
C'est un moment très ambigu ; parce qu'il n'est pas tant l'expression de la fameuse loi de l'offre et de la demande, mais parce qu'il est l'expression de l'inversion de la réalité. Ce qui est sûr, c'est qu'il a permis l'émergence de cette possibilité de surfer sur la valeur des choses en monnaie :
« Le 11 juillet 1969, vol d'une somme de 215 000 dollars qui équivaudrait aujourd'hui à 1 700 000 dollars. »
Il est un autre aspect de l'analyse économique, celui de sa tendance au rétropédalage pour mieux suivre l'évolution. Cela passe par un arrêt sur image du cours de la monnaie dans sa fonction de fixateur de la valeur-prix en rapport avec le temps. Ainsi, on confie à la monnaie de représenter la valeur dans l'absolu : il y a la valeur réelle, actuelle, celle qui permet d'acquérir une quantité donnée de biens et services, et la valeur constante imaginée comme celle qui a la mission de faire valoir

la monnaie comme pouvant aussi bien représenter une stabilité certaine des valeurs-prix.

Le sérieux affiché par l'analyse économique sur cet aspect enjoint de ne pas s'y attarder. Pourtant, il est aussi légitime de poser la question de savoir dans quelle mesure le passé peut être projeté dans le présent, afin de pouvoir les comparer, et à quel profit ?[40]

La préoccupation de l'analyse économique est de supplanter l'histoire ; celle des faits économiques qui, n'importe comment, devraient se dérouler sans faille, le hasard étant exclu du processus. La monnaie n'est qu'une marchandise qui n'a pour atout essentiel que sa capacité à phagocyter l'imaginaire humain. Quand on consomme un bien, la satisfaction qu'on en retire n'est en réalité assujettie qu'à la possibilité que nous procure la monnaie de pouvoir consommer. La monnaie apparaît ainsi comme se situant hors de portée des biens dont elle détermine le prix pourtant.

En scrutant d'assez près cette tendance à la comparaison des étapes de l'histoire humaine, la valeur nominale[41]- réelle pour le consommateur - comparée à la valeur constante - une valeur imaginaire - le seul vrai bénéfice que la société humaine en tire est la revalorisation constante de la valeur d'un bien du passé. C'est par ce biais que s'expliqueront certains actes humains de consommation[42]. Mais, surtout, c'est par ce biais que le cours des matières premières, minérale et végétale, subit un traitement particulier, déshonorant, qualifié de « cours des matières premières ». Ce processus d'évaluation de ces matières s'appuie sur l'opposition hypothétique de l'offre et de la demande des consommateurs institutionnels, les entreprises. Cependant, l'étape occasionnant cette variation de la valeur et de la monnaie et des matières premières n'est jamais visible. Tout se passe comme si, à ce moment-là, le virtuel prenait le dessus sur la réalité. Car, en amont, il y a les coûts de production : du travail, des machines et des infrastructures. Il y a donc la production des biens d'équipement pour assurer la production des matières premières. À aucun moment, le prix d'achat de ces équipements n'est mis en balance.

La magie commence ses effets quand la production réalisée par ces équipements ne contient plus une valeur cristallisée, mais est abandonnée sur le marché, au plus offrant et à l'humeur du jour. C'est ainsi que l'évolution des prix du produit pétrole au niveau mondial s'est avéré coriace à comprendre, sauf par les néoclassiques et les keynésiens, car durant une longue période dans le passé, on aurait pu dire que la production-extraction d'un baril de pétrole était à coût nul.

C'est par un éveil incroyablement fortuit à la fameuse loi de l'offre et de la demande, par l'action d'une main invisible qui contraignit l'État d'Israël à la guerre en cette année mil neuf cent soixante-treize de tous les hasards, que l'on découvrait que la demande avait dépassé l'offre[43] et que d'un prix de moins de cinq dollars, l'offre s'affichait à plus de dix dollars.

Les matières premières sont rangées dans le compartiment des biens issus de la cueillette, pour lesquels les prix de revient sont presque à somme nulle, et que les producteurs, des entreprises pourtant aux coûts d'investissement très colossaux, ne peuvent pas s'opposer à cette situation. Mais, même issu de la cueillette, un bien, s'il est porté sur le marché, a sans aucun doute un coût de mise sur le marché que tout le monde s'accorde à qualifier de prix de revient. Dans le cas de la cueillette stricte, le prix de revient, c'est la somme de toutes les peines endurées pour rendre disponible sur le marché un produit prélevé dans la nature. Le prix de marché d'un tel bien sera nécessairement issu de l'évaluation de ces peines en monnaie pour une acquisition autre devant satisfaire un besoin quelconque, y compris le besoin de refaire le plein d'énergie afin de maintenir l'approvisionnement du marché. D'où vient que le premier baril extrait à la suite d'un investissement colossal, tombe sur le champ dans l'escarcelle de la mise sur le marché des matières premières ? Ensuite, pourquoi l'industrie, ni en amont, ni en aval, ne réagit pas, soit pour imposer au marché des matières premières un prix de réserve, soit alors pour répercuter les soubresauts des prix sur les biens produits à partir de ces matières premières ?

Dès qu'un esprit libre a tenté de soumettre une telle objection, les gardiens du temple de l'analyse économique étaient prêts à décocher des flèches pour dissuader le mécréant, tout en lançant un avertissement aux potentielles velléités en ce sens. La vigilance technique sur ce point précis des marchés des matières premières est d'une susceptibilité incandescente. Et, pourtant !

Le marché des matières premières est contreproductif pour l'analyse économique. Le fameux « cours » des matières est l'expression par excellence du déni de scientificité des actes humains concernant la survie. Soutenir que les coûts de production ne sont pas des coûts pour la production, mais des coûts prévisionnels pour déterminer le profit d'une opération donnée, peut sembler aussi dans la logique des choses. Car, aucune opération ayant fait l'objet d'un financement préalable ne saurait supporter un acte à son égard niant le financement. Une telle attitude ne trouve justification que dans le cadre d'une recherche pure sur la faisabilité d'un tel cas.

Le travail cristallisé n'est soumis à une vile appréciation qu'autant qu'il demeure travail non qualifié. Les enfants tiraillés par la misère dans les pays en Afrique se lancent à la recherche des moyens de survie, prennent des risques pour descendre au fond des mines, sortent des minerais qui alimentent l'industrie en Occident, sont presque heureux de s'en sortir avec quelques pièces d'une monnaie locale qui leur permet d'acheter à peine de quoi maintenir un rythme de travail pour l'existence. Ce travail sans qualification cependant, pourtant productif, permet bien en aval de nourrir des évaluations ou l'établissement de classement sur les hommes les plus riches de la planète. Ces riches sont riches par leur grand sens de la prise de risques, en ayant flairé l'odeur de l'existence d'une opportunité d'approvisionnement en matières premières, presque gratuit, parce que couvert par le marché.

Il fut un temps où la riposte à cette accusation de pillage en tous genres, passait par la mise en tutelle de l'incapacité des élites des pays subissant le pillage à prendre conscience de l'élément déterminant la valeur d'un produit. La démonstration scientifique n'allait pas chercher loin. Elle demandait simplement d'observer le modèle donné là par les pays accusés de piller. Pour dire, que le pillage était une vue de l'esprit, parce que les riches étaient riches par la valeur ajoutée et non pas par la vente des matières brutes. Ce qui donnait l'impression du pillage, c'est l'incapacité des dominés à la patience, c'est-à-dire à mettre en place la chaîne de transformation des matières premières, étape de création de la valeur ajoutée. Qu'en définitive, les élites ont vite fait leur calcul et ont trouvé que l'étape de la transformation contenait beaucoup de risques ; car, c'est bien en bout de chaine de production que les risques de crise étaient élevés.

Les entreprises de production des biens de consommation sont plus exposées aux multiples effets de la consommation et la récession les concerne en premier. Ainsi traité, l'argumentaire ne semble souffrir d'aucun autre exploit. Comme d'ailleurs, les élites intellectuelles du continent en seront épatées. Encore une leçon de plus pour des évolués qui croyaient - nantis de leurs diplômes - qu'ils avaient la maîtrise de l'analyse économique.

Il n'y a presque jamais eu de sursaut d'analyse sur la question. Même à se demander pourquoi alors l'investissement extérieur s'intéressait uniquement au secteur primaire, alors que son occupation au niveau du secteur secondaire lui aurait procuré bien plus de profit, interdiction totale par une chape de plomb.

Dans la seconde moitié des années 1970, l'analyse économique révélait les insuffisances factorielles des pays du tiers-monde. Elle pointait, parmi les insuffisances dans ces pays, l'inadéquation entre la formation et l'emploi. Cet aspect du problème socioéconomique en Afrique noire avait été soulevé par René Dumont en 1962. De quoi s'agissait-il ?

Ayant scruté minutieusement l'horizon du développement du continent, sa conclusion était sans détour, et parfaitement résumé par le titre de l'ouvrage qu'il publiait : *L'Afrique noire est mal partie*[44].

Il pointait déjà cette inadéquation entre les formations données par les systèmes éducatifs et les potentiels emplois que le système économique local pouvait se permettre d'offrir, pour assurer un développement espéré. Le système économique offrait seulement des emplois techniques ; c'est dans son essence même de n'offrir que de tels emplois. Or, les filières de formation étaient pour la plupart tournées vers la littérature et les disciplines qui conduisaient les individus à la valorisation sociale. Ainsi, on vit émerger des spécialistes de la prose, que ce soit dans le domaine propre de la littérature, ou dans des domaines contingents du droit, de la philosophie, et d'autres sciences sociales. L'école, mise en place pour cela, devenait rapidement la souricière la plus efficace dans le maintien du système de reproduction du capital et ses divers avantages. La recherche de la valorisation sociale était la préoccupation première[45]; que quelques-uns des lettrés aient pris conscience de ce piège et découvraient malgré tout que leur formation pouvait être aussi une arme contre le système, en s'en servant comme un outil d'éveil de conscience sur la nature du piège, trop tard le piège était trop fort pour s'en défaire. Jusqu'à aujourd'hui. Rapidement, et avec la même efficacité, les enseignements scientifiques sur lesquels l'espoir d'une formation en adéquation avec les exigences du système économique était permis, la désillusion ne tarda pas et fut à la hauteur de l'espoir.

Le secteur primaire dans son mode opératoire trouvait ses défenseurs les plus sûrs localement. Ce qu'on qualifiera bien plus tard d'économie de rente, ne parut plus que comme le choix d'une option économique la plus efficiente pour les élites dirigeantes. Mais, le problème du désintérêt affiché par le capital de s'investir aussi localement au niveau du secteur secondaire, était-il pour autant évacué aussi simplement ? Affirmons notre indépendance de raisonnement face à l'indolence à laquelle l'analyse économique nous appelle.

Dans ce schéma de la prétendue inadéquation entre l'offre de travail et la demande de travail, il y a la nature de l'activité et ses exigences au niveau de la qualification du travail. Il y a néanmoins la perspective de développement de l'activité et ses promesses de rentabilité. Même dans les économies industrialisées, ce schéma reste valable. À tel point que cette problématique apparaît comme ayant pris le sentier de la politisation du choix de l'investissement, et rien d'autre que cela. L'inadéquation décriée ici n'est qu'un aspect normal de la vie économique. La formation est une opportunité d'ouverture d'esprit et d'émergence des capacités d'adaptation.

Quand on admire les réalisations millénaires des Égyptiens, ou simplement les bâtisses de l'Europe médiévale, on s'extasie à l'idée des prouesses des supposés ingénieurs de l'époque. Si l'on ne peut attribuer le titre d'ingénieur qu'à un individu qui a subi une formation dans une structure agréée, alors la surprise sera à la hauteur du titre lorsqu'on apprendra que ces bâtisseurs avaient tout hérité de leurs parents. Leur savoir-faire ne leur venait pas d'une quelconque école de prestige, mais de l'observation sur le terrain de la pratique de leur formateur. Jusqu'au XVIIIe siècle en occident, cette école se nomme « le compagnonnage».

Si, par la soif d'autonomisation de la discipline de gestion des entreprises, l'histoire des faits ne mentionne pas les talents d'investisseur et de gestionnaire de Voltaire, cela ne saurait nous convaincre sur la nécessité de sortir d'une école de commerce pour exceller dans le monde des affaires. Si on imagine que les écoles ne forment qu'aux métiers demandés, quel serait le sort des statistiques de l'emploi ? La naïveté inciterait à croire que le monde connaîtrait le plein emploi, non pas keynésien — qui serait tout simplement inapproprié – mais le plein emploi socialiste. Avec toutefois les déconvenues de la fin du marché du travail, des rémunérations fixes, de la fin de la mobilité du travail, de la fin de la concurrence et de l'apparition de l'immobilisme général.

La main d'œuvre non qualifiée dans la sidérurgie, dans l'automobile, dans le tertiaire, est la clé de la prospérité de ces secteurs d'activité. Ce que le courant marxiste avait qualifié d'internationalisation du capital, en hommage à Karl Marx. Cet esprit fulgurant du XIXe siècle, philosophe, économiste, et politique, était un humaniste, avec sa dialectique et son matérialisme, avait, par l'analyse déductive, prédit ce mouvement puisque nécessité pour la survie du capital. Aujourd'hui, il est qualifié de délocalisation de la production. Mais tout cela ne fait qu'une énième expression pour rendre opaque le vrai mobile de celle-ci, le profit.

La recherche de la réduction des coûts de production a pu inciter le capital à explorer d'autres horizons géographiques. Car, c'est seulement après la satisfaction des profits colossaux dans le temps et l'assurance de l'impossibilité de chuter au point zéro que les entrepreneurs et les entreprises versent dans la philanthropie. Avant cela, ce sont des orgues de la rentabilité à tout prix. Il n'y a pas exception en la matière. L'hésitation à adopter un tel raisonnement est due au chassé-croisé des investissements sur le globe. Une chose est sûre : une entreprise regarde toujours du côté d'une économie où le coût du travail indexé au coût de la vie est favorable aux prévisions de rentabilité. Ce réflexe existentiel est le guide des mouvements des capitaux. Ce n'est donc pas parce que les sociétés colonisées africaines n'offrent pas d'assurance particulière sur la nature de l'offre de travail que les capitaux évitent de se diversifier sur place, mais bien parce que les profits réalisés dans le seul secteur primaire dépassent largement les profits escomptés, que naturellement, ils se contentent de cette situation.

Personne n'ose reconnaître tout haut que le marché des matières premières n'est qu'un marché de lutte politique. Cet aspect tout à fait normal du marché, dès l'instant où l'on reconnaît aux pouvoirs publics la faculté d'être un agent économique, a été bien dissimulé par le keynésianisme. Ce qu'on applique aux entreprises sur leur situation sur le marché, s'applique aussi aux pouvoirs publics. Si une entreprise ou groupe d'entreprises se trouve en situation de monopole (être seul présent sur un marché donné par exemple l'énergie), ou en situation de monopsone (être le client exclusif sur le marché par exemple le marché de l'armement où des types d'armes sont interdits à l'exportation), elle ou il se comportera conformément au pouvoir qui est le sien. Depuis l'apparition de la pensée keynésienne, les États puissants se gardent de courir le risque d'une grave crise économique et financière. Ils sont devenus, par l'œil très avisé des institutions bancaires, les lanceurs d'alerte aux capacités d'anticipation énormes. Les États constituent en soi des postes avancés dans les systèmes économiques nationaux qui ont pour mission de tirer la sonnette d'alarme.

Ils se sont constitués des réserves de guerre qu'ils libèrent de temps en temps pour réguler les cours des matières premières. Lorsque ceci se produit, aucun marginaliste n'intervient pour faire part de son étonnement, mieux de son offuscation d'un tel comportement non productif pour les systèmes économiques nationaux. Ces puissances politiques adoptent ainsi l'attitude néfaste contre les finances des pays producteurs des matières premières.

Le comportement censé délétère de l'État en matière de théorie économique, n'est qu'anesthésie pour les chercheurs africains.

Dans le premier quart du XIXe siècle - le grand siècle par excellence pour l'achèvement du canevas de la pensée économique — retrouvons cet esprit très éclairé, présenté par ailleurs comme un autodidacte, qui allait marquer pourtant son temps : Ricardo David. Une personnalité qui en lui tout seul est une leçon d'histoire sur l'état de progrès réalisé par l'Europe, où les mouvements de brassage de population avantagent l'esprit de progrès. Cette sonorité à la portugaise révélait pourtant une nationalité anglaise. Ce qui savait mal dissimuler la naissance d'une théorie qui prônait l'égalitarisme - le gagnant gagnant d'aujourd'hui - dans les relations économiques entre deux États-pays, lesquels ne semblaient pas seulement avoir été choisis pour les besoins d'illustration.

Le principe émis par D. Ricardo sur les prétendus avantages quasi naturels que l'on pouvait tirer de l'exploitation de sa situation géographique et géologique, cache, avec beaucoup de réussite, le rôle primordial de l'État. Il s'agit d'une problématique de l'intervention de l'État pour soutenir la formation du revenu national et rien que cela. L'entreprise n'est qu'un facteur, l'enjeu, c'est le revenu national. C'est la première formulation très positive du rôle de l'État dans le système économique national, formulation qui prend le contre-pied des réticences de Say à cet égard. Voyons comment l'État est devenu le commercial des entreprises nationales à ciel ouvert. Ce que, curieusement, les théoriciens de l'autonomie de la pensée économique face aux prétentions du politique, n'osent pas voir. Mais, ce rôle était pour ainsi dire inévitable. Le fait d'avoir assigné l'État à la fonction de gendarme, lui conférait du même coup le privilège d'un positionnement favorable. La sécurité lui a été réservée et avec elle, la position exclusive de constituer la principale demande pour certaines industries. Une position qui lui confère le droit quasi naturel de dicter le comportement d'offreur sur les autres marchés de la sécurité par exemple[46].

VIII. L'horreur

Comme il avait été décidé vraisemblablement que les choses devaient être ainsi, on scella l'avenir des intelligences pour les rendre inopérantes. Dans les années cinquante du XXe siècle, un débat émergeait des basfonds de la pensée malsaine. Il portait sur la possible « synonymisation » de deux mots à laquelle leur conceptualisation semblait s'opposer : la *croissance* et le *développement.* Au bout d'une quinzaine d'années, il s'essoufflait et s'éteignait presque de lui-même.

Mais, les africanistes y avaient mordu. Car, il reflétait la tendance de l'époque, la volonté de prendre l'ascendance sur les autres. Ce débat se cadrait dans les limites de la confrontation des analyses économiques néoclassiques et keynésiennes d'un côté et celles marxistes de l'autre. L'économie de l'Amérique latine en était le terrain d'affrontements par excellence. Les africanistes, parfois Africains, s'y mêlèrent, bluffés qu'ils furent par l'espoir en eux suscité par l'élément attractif de la contestation marxiste. Si le développement était l'effet direct de la croissance - ce qui est la conception libérale - alors la lisibilité du sous-développement ne posait plus aucun problème. Il suffisait de se fier aux statistiques générales. En revanche, si le développement n'était pas une question de statistique, donc quantitative, mais relevait du qualitatif, alors bien des pays se disant développés devraient revoir leur copie pour ainsi dire. Mais, surtout, cela donnait de l'espoir aux pays africains qui de ce fait pouvaient accéder à un statut plus anoblissant.

Ce n'étaient pas des débats inutiles. Quelques pays latino-américains avaient su tirer profit de tels débats pour des politiques industrielles plus actives, même au prix d'une paupérisation accrue par effets induits de ces politiques.

Le continent africain n'en tirait aucun gain. Mais, croyons-nous pouvoir avancer que ce débat ne fut pas vain ; il eut favorisé une prise de conscience certaine sur la possibilité de l'existence des formes de développement bien autonomes de la condition unilatérale que représentaient les consommations de biens industriellement produits. Au sein des organisations intergouvernementales de planification économique, on introduisit le concept de bonheur national, ce qui est l'objectif naturel de toute société humaine.

Dans cette mare aux essais, étaient apparus deux acteurs d'importance inégale certes, cependant prometteurs dans leur choix plus que courageux : Babassana H. et Silou R. Le premier avait été étudiant à Grenoble où il avait soutenu une thèse sur l'histoire économique du Congo. C'était presque une contestation du positivisme affiché par l'analyse économique des exploitations coloniales africaines. Mais, il était loin de s'imaginer la profondeur de cette problématique par rapport à ce que l'environnement culturel intellectuel des pays africains pouvait recevoir.

Inspiré par cette problématique sur le développement africain, le grand économiste Babassana se lançait dans la lecture spécifiée de la société humaine anciennement sous le joug de l'exploitation coloniale et de la désarticulation culturelle. Cette lecture le conduisait à une reformulation de la problématique du développement. Un développement hypothéqué, mais qui pouvait se déverrouiller par la force de la même arme qui était un peu à l'origine de cette hypothèque, l'école.

Cela prouvait qu'il avait pu se défaire des lacets puissants de l'école qui l'avait formé. Tout en ayant conscience que l'on ne pouvait aller à l'encontre de cette dynamique scolaire, mais qu'on pouvait tout au moins tenter d'inverser ou d'en modifier le cours.

Il tenta. À son corps défendant, il se trouva devant la résistance de ceux sur lesquels reposait l'espoir d'un changement ; ceux qui auraient dû se positionner comme les premiers acteurs de ce changement.

Une donnée semblait avoir échappé à cette démarche. Lorsque ce grand esprit qu'était Babassana[47] décrivait la dilution du mode de production local par le mode d'exploitation capitaliste colonial, celle-ci ne s'arrêtait pas à la porte de la culture. Cette dilution ne pouvait être que totale, s'attachant à déstructurer tout l'environnement socioculturel et technique. Le colonisé allait s'avérer être son propre colonialiste.

Toujours la course poursuite imposée aux africanistes. Distraction intellectuelle qui les a tenus loin des préoccupations positives pour leur société. Ils ont été dans l'obligation de déployer tant d'efforts pour se faire accréditer l'estime des néo-colonisateurs ; ce qui est encore aujourd'hui leur préoccupation existentielle. Jamais dans l'histoire des peuples, on a assisté à un tel mouvement d'aspiration aveuglante. La pensée économique n'a jamais été aussi réifiant. Alors, l'observation, et pourquoi pas la théorisation qui peut en découler, sont frappées du sceau de l'interdit. Ainsi, pendant qu'on se préoccupe de tester telle ou telle hypothèse d'une prétendue école américaine, française, anglaise ou autrichienne, des stratégies de survie sont échafaudées par les siens, et on ne les remarque pas. Mieux, on déclare qu'il n'y a aucune stratégie de survie qui vaut la peine d'être prise en considération. Mais, aussi surprenant arrive une recommandation payante, immédiatement ou non - en tous les cas, réconfortante pour l'estime qu'elle apporte auprès des dominants -, voilà que les esprits se focalisent sur ces stratégies.

L'initiative prise par un esprit éclairé, soucieux d'alléger la peine dans le travail scientifique du chercheur africain, le docteur Mianzenza A. D., de travailler sur un document récapitulatif des travaux de recherche (thèses de doctorat)[48] a été très édifiant dans ce sens. Les problématiques des étudiants en économie étaient plutôt de type de la routine ; celle qui disqualifie certains domaines pour la mention '*économique*'.

Le problème est que même quand la problématique s'intéresse à un secteur d'activité économique particulier, le chercheur se gardera de ne pas voir les facettes les plus visibles de cette activité.

Le fait est plus choquant dans le cas d'une problématique sur l'agriculture. Un secteur globalement abandonné au « vivriérisme »[49], dans lequel on s'efforce d'effacer ce caractère pour en démontrer ses capacités intrinsèques à assurer la transhumance économique entre son apparence artisanale et sa mutation quasi naturelle en industrie, par la grâce d'une accumulation du capital.

Les analyses faites sont guidées essentiellement par l'objectif de tester le schéma du financement de l'industrie en occident aux XVIe et XVIIe siècles.[50]

Est grand économiste, celui qui aura digéré cette subtilité. D'autant que l'histoire de la pensée économique est bâtie autour de cette révolution sociologique, juridique, peut-être bien politique, et encore peut-être seulement enfin économique.

Mais, passons ! Le fait est que le répertoire ainsi constitué, dénommé Almanach des thèses de doctorat, est pauvre en thématiques portant sur l'activité économique de survie, le secteur le plus important et aux effets multiplicateurs à la visibilité limpide, délaissé par la loi, tantôt considéré comme inorganisé. Ce secteur a été dénommé « secteur informel ». Son rayon d'action l'a mis hors champ d'intérêt de l'analyse économique, de l'analyse sociologique, de l'analyse juridique. Cette trilogie est un handicap pour ce secteur. C'est elle qui lui transmettait ce caractère neutre, le rendant moins visible et surtout inaudible pour l'oreille du chercheur programmé pour la gloire.

Pourtant, comme secteur, une chose est vraie : il est dans ces sociétés humaines le secteur par excellence de la circulation monétaire. Or, dès que l'économiste entend parler de monnaie, ses oreilles se dressent automatiquement. Qu'on entende seulement même de loin la radio dire que... la monnaie est au plus bas..., qu'on accourt pour entendre de plus belle et se lancer dans ses propres analyses. Comment se fait-il que dans ce cas présent, avec tant d'étudiants au sommet du cursus scolaire universitaire, les oreilles ne se dressaient pas devant ce que les yeux voyaient se dérouler, là, il y a matière à s'agacer.

Aussi pouvait-on tomber en admiration devant le choix accompli par l'analyste Silou R. Un choix difficile sociologiquement ; en revanche, intellectuellement salué par le courage d'une revendication socioculturelle tendant à discréditer l'asservissement mental néocolonial. Il avait fallu oser, surtout en ces temps-là où la majorité embrassait les analyses surfaites pour prouver bien plus leur esclavagisme mental qu'apporter la preuve de leur apport à la science ; oser se soustraire de la ligne conductrice vers l'économisme pour apporter autrement la lumière sur l'économique local.

Cette rupture amorcée l'était sur un paradoxe : c'est curieusement l'organisation de l'enseignement en métropole colonialiste qui avait permis à l'analyste économique et universitaire Silou[51] d'accomplir ce saut dans sa conscience. Cette thématique et la conscience de son importance dans la connaissance de soi, celle de son propre système économique national, avaient été le résultat de l'environnement universitaire de Bordeaux en France.

Voilà que le colonisateur semblait avoir pris conscience de la spécificité sémantique des sociétés colonisées pour y affecter des intelligences pour murir la réflexion et approfondir la connaissance. Pendant le même temps, l'ex-colonisé tournait le dos à cette démarche, affecté qu'il était à la survie de l'œuvre de destruction culturelle. Les thématiques touchant directement à l'industrie procuraient tant d'assurance pour la survie en tant qu'ex-colonisé. Les thèmes sur la monnaie accordaient encore un peu plus de poids dans ce sens. Pourtant, concernant la question monétaire, aucune réflexion n'avait pu guider vers un éclairage du fait de l'asservissement et de l'appauvrissement des aires dominées. Il n'y eut pas de proposition provocatrice d'une remise en cause de la monnaie coloniale.

Le secteur informel, que l'universitaire Silou avait voulu monter en surface sans le reclasser dans cette assignation, est le secteur qui procure la meilleure lisibilité de la théorie quantitative des origines de la monnaie : On utilise la monnaie, ce qui sous-entend que celle-ci circule ; elle change de mains sans cesse et ce mouvement génère des effets sur la richesse nationale. Ceci, tout le monde le vit, sauf exception d'une volonté qui décide de se tenir en marge de la foule et d'être en autarcie. En étant dans la situation plus couramment commune, la circulation monétaire a effet même sur les relations humaines. Quand on va acheter au marché, par exemple, on est aussi bien heureux d'avoir profité de la gentillesse du vendeur, une occasion de rompre avec la monotonie de la vie. Cela étant, nous savons remarquer parfois l'état du billet qu'on donne ou qu'on reçoit en guise de monnaie, un état qui renseigne sur la circulation monétaire. Voilà comment l'économiste s'intéresse à cet aspect capital dans la reproduction du système économique national parce qu'il peut provoquer un déséquilibre réel.

Parler de vitesse de circulation de la monnaie n'aura jamais été aussi concret qu'avec le secteur informel. On pouvait même s'amuser à calculer cette vitesse en marquant les billets et les pièces ; ce à quoi du reste certains individus semblèrent s'adonner. Tout cela n'avait aucun intérêt pour les étudiants à la prétention de grands penseurs en économie. Mais, l'étudiant formule et propose son champ d'intérêt, et le professeur dispose. Les professeurs, des chercheurs ou des avaliseurs, que les gouvernements locaux n'hésitaient pas à enjamber pour aller chercher l'expertise ailleurs et surtout chez les néo-colonisateurs. Ce n'est pas étonnant.

Le secteur pourvoyeur de revenus à tant d'individus dans ces pays d'Afrique, peut-il mériter un tel sort ? Rien qu'à s'intéresser au dénombrement de la population, surtout en milieu urbain qui en tire les moyens de sa survie. Mais, commençons simplement par tenter de comprendre le sens du qualificatif qui lui est collé, « Informel ». De façon simple, il pourrait vouloir rejeter toute responsabilité quant à sa nature imprécise. Dans le monde cartésien de l'esprit occidental, le premier réflexe dans le processus de compréhension est le repérage dynamique de l'environnement dans lequel évolue l'objet de la curiosité. Dans cette logique, un secteur en économie est constitué par des activités humaines qui ont une certaine ressemblance physique et au niveau du mode de fonctionnement. La curiosité ici peut relever que l'industrie automobile constitue un secteur à part entière, en ce que des activités en apparence divergentes concourent à un même objectif, l'automobile. La liaison inter activités est telle qu'on peut se hasarder à le définir par ce biais ; en soutenant que dans un secteur, la perturbation dans une branche donnée entraîne nécessairement des répercussions dans l'autre branche ; ou que la variation des prix de production dans une branche entraîne une répercussion directe sur le rythme de fonctionnement de la branche en aval. Et, inversement.

Cette liaison n'est pas toujours d'attaque lorsqu'il s'agit du système économique au global. Ce qui explique, par exemple, que les prix peuvent varier à la baisse ou à la hausse alors que les coûts de production sont stables au niveau de certains biens. Bref. Ce qui fait un secteur, c'est d'abord son aspect juridique. La forme d'une activité lui est attribuée dans le monde occidental par le sceau de l'État. C'est la fiscalité qui détermine les contours supposés de toute activité sociale et économique.

Quand le système d'exploitation colonial se met en place, il est face à la problématique de la rémunération du travail dans cette aire démographique sur laquelle il n'a pas d'autres visées que l'exploitation au sens strict. Aussi vite va apparaître la contradiction entre la productivité du travail et la rémunération de celui-ci. La résolution de ce dilemme apparent se trouve dans la liberté laissée aux indigènes pour qu'une partie substantielle du revenu de subsistance soit pris en charge par le ménage lui-même. Ainsi se met en place, aussi instantanément que le système lui-même, l'offre de biens de consommation courante qu'une demande de plus en plus en progression continue, appelle. La réglementation de ces activités aurait été plus néfaste pour l'exploitation coloniale que le laisser-faire qui lui fut appliqué. Voilà ce qu'est de son impossible forme, illisible, inclassable, dans lequel les néo-colonisateurs ne verront plus tard que de l'anarchie, du manque total d'organisation, et du tout et du tout.

L'inorganisation est telle que l'économie nationale est scindée en deux parties : une première partie, la plus sûre et la plus noble qui est la norme, est qualifiée d'économie formelle ; une seconde partie, où ne règne que l'anarchie (selon la légère observation), est alors qualifiée de secteur informel. Il va sans dire que ce qualificatif pose un problème du point de vue de la petite leçon d'économie que reçoit l'étudiant en première année. La structure du système économique se décompose en isolant des secteurs d'activité par spécialisation productive. Ainsi, on peut noter le secteur primaire, où l'on classe toutes les activités de production brutes des matières de base ; le secteur secondaire, où l'on classe toutes les activités qui créent de la valeur ajoutée, c'est le secteur de la production industrielle en l'occurrence ; le secteur tertiaire, où l'on classe toute l'offre de biens services ; il s'est ajouté depuis quelques années, avec l'avance prise par l'économie américaine, un secteur supposé offrir un ensemble de pratiques qui garantissent la fluidité de la vie, de l'ère de la société postindustrielle.

Nulle part, le fameux secteur informel ne trouvera pas espace à se caser. Pour la simple raison que l'une des spécificités de ce prétendu secteur est la liberté d'action qui empêche parfois la formation de chaînes de commercialisation des produits. Même si cela n'est qu'apparence ; car sur les biens alimentaires, la chaîne de commercialisation pouvait vite prendre place dans l'évolution humaine. C'est en réalité ni plus ni moins un système économique sur la base du laisser-faire et laissez-passer, tout au moins tant que les productions ne traversent pas en proportion considérable les frontières nationales.

À l'intérieur, les secteurs d'activité sont quasi identiques à ceux du système formel. Les spécialités de production sont les mêmes, et souvent pour des productions assez spéciales, les intrants peuvent venir du système mitoyen. L'organisation y est assez surprenante du fait surtout de la non-lisibilité des coûts, et du marchandage des prix de marché qui en est la règle. C'est cela qui a donné cette impression de l'inorganisation. La comptabilité est un exercice en apparence non courant. Mais, s'approcher de ces entrepreneurs, fera découvrir que cela n'est pas la règle. Les coûts de revient sont maîtrisés, autant qu'ils permettent de prévoir les profits escomptés.

On ne saurait non plus aller vers la tentation de rabaisser ce système économique à un secteur. Même si depuis quelque temps, dans un sursaut par rétropédalage, l'expression a été modifiée. On a pu l'évoquer en le désignant par « économie informelle ». Il semble toutefois se cantonner dans sa version initiale, l'économie informelle ne s'expliquant que par le secteur informel.

Cette économie a vécu et vit encore de nos jours par son péché originel. Curiosité. C'est la poursuite du même schéma d'exploitation par les élites locales qui permet à ces entreprises de taille très moyenne, souvent, petite même à en épouser la forme artisanale, de continuer à prospérer. Le calcul économique par les pouvoirs publics est le seul à pouvoir apporter une justification sereine de la pérennité de la forme actuelle de ces activités.

Devant la problématique de l'emploi, telle que couramment acceptée, le gain global dans le cadre de ce laisser-faire et laissez-passer s'avère bien plus productif pour l'économie nationale. Et, ce n'est pas un mal. C'est tout au contraire l'exhibition d'un centre d'intérêt que les intellectuels, prêts à ingurgiter des théories d'ailleurs, n'osent pas exploiter à leur avantage. En effet, ne peut-on pas voir là, l'opportunité d'un essai de relecture du libéralisme économique ?

Partons sur l'idée couramment admise que la population active n'est active que parce qu'elle est convaincue que la vie ne se gagne qu'en vendant sur le marché le seul produit facteur qu'elle détient, le travail. Comment envisager au niveau des politiques de développement l'emploi de tant de personnes qui se présentent sur le marché spontanément ? Quel miracle est possible pour résorber cette manne, se convainquant que, conformément à la logique du marché néoclassique, la production nationale pourrait en tirer grand profit, par l'augmentation de la production et par une action concomitante de la baisse des salaires ? Encore faut-il que le salaire soit un problème à part entière dans la structure économique ici, ce qui n'est pas si évident. Parce que dans cet environnement socioéconomique, le premier problème qui se pose est adjacent à la capacité humaine à prendre conscience de la demande sociale en biens divers pour penser à l'investissement au sens keynésien.

Cette étape franchie, il ne demeura pas moins qu'elle appelle selon toute logique une autre réflexion sur le choix possible du scénario d'investissement le plus efficient économiquement et socialement. Ce choix est guidé par les contraintes de la rentabilité selon l'importance accordée aux différents facteurs, entre le capital et la main d'œuvre. Mais, là encore, n'est pas tout le problème du lent décollage économique auquel on assiste.

Dévions sur l'idée fondatrice que l'évolution économique est essentiellement une charrue tirée par deux chevaux. Cette charrue s'apparente au marché qui est la colonne vertébrale de la société ; les deux chevaux qui tirent dans le même sens sont le *revenu* et la *démographie.*

Nous n'inventons rien ; c'est la définition de la population active qui l'inspire. Cette apparence si simple qu'a toujours été celle présentée par l'évolution économique, a généralement buté contre la prétention de l'analyse économique à la grandiloquence. D'où, dans la théorie économique inspirée par la pensée économique politique, la suprématie est accordée à tout ce qui touche au revenu, la richesse qu'à la démographie. Celle-ci ne jouit d'un peu de considération que par le biais des interactions qu'on semble lui trouver avec l'économie. Autant dire que l'homme aurait pu vivre sans sentir le besoin de se couvrir ; ou encore que la philosophie soit la preuve que les Grecs n'avaient rien compris de l'existence.

C'est en le prenant de la sorte que les étudiants africains se ruèrent sur des problématiques sans grand intérêt pour le développement de leur pays. Ils ne firent plaisir qu'à leurs prétendus formateurs qui les utilisaient pour leur notoriété. Parce que, ce que l'enseignement de l'économie veut fuir- ce qu'il ne considère qu'à travers les interactions-, c'est cela le fondement de l'économie. La pensée économique puis la théorie qui en est sortie n'a comme unique préoccupation la recherche des voies et des moyens pour assurer la survie d'une humanité sans cesse en constante évolution démographique. C'est la pression démographique sur l'offre de biens et services disponible qui s'impose à l'humain, et le fait réagir en ajustant ses actions. Les aspects de l'accumulation, de la monnaie et l'investissement, puis la distribution et répartition, sont solidement ancrés dans cette problématique. Leur apparente autonomisation ne peut se justifier que par le besoin d'affiner la connaissance pour une action mieux ciblée sur l'objectif. Pour une idée plus percutante sur les politiques pouvant être menées à des fins précises. Car, la pression démographique exige aussi par ailleurs un certain niveau de régulation, qu'on ne saurait abandonner au mysticisme de la fameuse main invisible. L'homme est ce qu'il est et sa multiplication s'est soldée par une multiplication des contraintes ; de là, le besoin d'un pouvoir au-dessus de la mêlée s'est fait sentir.

Pendant longtemps, les Africains particulièrement, mais le reste du monde aussi, y compris les Chinois — en dépit de leur apparent isolement jusqu'il y a peu – ont été savamment maintenus dans l'esclavage mental, par la prestidigitation des indicateurs dits de développement. L'enseignement de l'économie illustrait son propos en se référant à l'humain type, qui n'était rien d'autre que l'américain. En règle générale, même moyen, il était bien au-dessus de l'européen moyen qui lui-même était au-dessus de l'asiatique moyen, qui lui aussi était au-dessus de l'africain moyen.

Le scenario dans ce que l'on qualifie « d'occident » (ensemble de pays où règne le libéralisme économique) était plus dur, du fait que tout en étant développé, il y avait encore des strates de développement. On abreuvait le reste du monde par des chiffres sur l'américain (moyen). Les niveaux de consommation de celui-ci étaient le référentiel dans le cirque des jeux menant au développement.

L'Américain moyen, un vorace, dont on vanta la capacité à provoquer des catastrophes, écologiques, géologiques, sociales et ainsi de suite. Par ce référentiel, le décollage économique était assujetti à l'addiction pour le Coca-Cola et le *chewin gum*. C'était une période de croissance que les économistes de la presse renommèrent « les t r o i s glorieuses ».

C'était f o u comme ambiance générale. Mais cela n'était pas que de la théorie. Il suffisait de voir cet Américain moyen à côté d'un Africain ; un poids lourd contre un poids coton.

Cela provoquait un mal de tête terrible aux Africains qui se mirent à rêver de cette situation à l'américaine.

Le néocolonialisme se préoccupa d'entretenir ce climat. Les politiques économiques en vinrent à conforter la boutade du crabe. Car elles étaient fondées sur le visuel. Mais il était aussi trompeur.

De l'économie américaine, on ne voyait que sa place dans le classement mondial. Elle était première en tout, surtout pour les productions industrielles et bien sûr les consommations. N'oublions pas cependant que cette situation était favorisée par l'attrait qu'elle exerçait sur les capitaux ; le marché boursier était le plus florissant au point de faire le beau temps sur toute l'économie mondiale. On avait là le modèle d'une société fluorescente d'où l'on apercevait mal le vrai facteur de développement : la liberté d'entreprendre et les opportunités d'émergence des entrepreneurs.

Quand l'État n'est pas l'acteur principal en économie et que son intervention se limite au strict nécessaire, la pression démographique s'exerçant sur les biens disponibles, les opportunités d'affaires apparaissent, avec elles, l'initiative individuelle éclot.

L'aporie malthusienne a beaucoup inspiré la pensée économique. La tentation de la théorisation n'a pas non plus tenu à laisser passer une telle occasion. Mais, elle a vraiment influencé l'imagination intellectuelle dans son aspect rugueux d'un penseur qui joue entre l'humanisme et le cynisme, entre une réelle préoccupation quant à l'excessive pression démographique, sur les capacités limitées des moyens actuels de production des biens alimentaires surtout, considérant la qualité de la terre comme la donnée la plus déterminante. Pour lui — mais pouvait-il penser autrement que l'environnement le lui permettait – la productivité du sol était le seul déterminant dans l'offre de biens alimentaires. Une situation que certaines zones de peuplement vivent en Afrique subsaharienne. Ce qui donne du grain à moudre à des organisations noblement affublées du caractère non gouvernemental, mais dont le tempérament néocolonial n'est pas plus en retrait que ce ne fut le cas avec les religions du livre.

Le travail ne trouvant appui que dans un support, la perspicacité humaine n'avait plus d'autre choix qu'une politique de freinage de la croissance démographique en ciblant le groupe humain le plus agressif dans ce sens, les pauvres. Alors, soit la peur de voir le rôle de l'État prendre sans cesse de l'importance, était réelle ; sa doctrine économique allait prendre un sérieux coup, par une prise en charge par l'État d'une ou toute partie des charges de survie de ces pauvres ; ce qui allait ouvrir grand la voie à l'impôt ; ou il ignorait que le déficit en biens de toute nature pouvait être comblé par les échanges entre les économies nationales.

Au vu du vécu des économies nationales africaines, la page Malthus devrait être tournée définitivement. Elle est à considérer au même titre que l'utilisation des épouvantails pour pousser à la réification des comportements socioéconomiques des Africains sur les Occidentaux. Il avait vraisemblablement raison en son époque. Mais manifestement, il n'avait pas la faculté de sonder l'avenir du progrès technique qui a la capacité de repousser les limites de la pratique. Son faux air d'humaniste allait influencer, des siècles après, les politiques dites natalistes, et ce, au détriment de la nature.[52] Car, c'est à la nature qu'incombe la latitude de procurer de nouvelles capacités à tout animal [et jusqu'à preuve biologique du contraire l'humain est un animal] pour survivre à l'existant.

Dépasser ce moment de vive émotion, nous nous inclinons devant l'esprit sarcastique de cet homme qui, toute lecture confondue, a le mieux instruit sur l'activité humaine ; en soulignant la contingence entre la croissance démographique et la croissance économique, la seconde n'ayant aucune raison d'être sans la première. Cette liaison de nécessité, un peu en contradiction avec son pessimisme, constitue l'explication la plus observable de la croissance accélérée des États-Unis d'Amérique ; celle qui a permis à ce pays de prendre l'ascendant sur le fameux vieux continent de la pensée économique. Par l'immigration de peuplement, la pression démographique sur les terres disponibles contraignit à une mobilité du travail très intense, entraînant des innovations dans les différents domaines de la vie. Par ce fait, l'un des verrous de la croissance de l'offre des biens alimentaires sauta de lui-même et on vit émerger des exploitations agricoles de grande taille et la salarisation du travail. Ce qui hissera l'agriculture américaine au plus haut niveau, par le jeu d'une restructuration des exploitations, laquelle allait transformer l'éleveur ou l'agriculteur en exploitant, une sorte d'industriel de ce secteur primaire.

Dans la théorie économique, l'impression que l'accumulation est un processus phénoménal - très long dans le temps -, se dégage surtout quand il s'agit d'aborder la question du retard de certaines zones de peuplement. Cette impression a pu susciter par ailleurs une certaine appréhension quant aux capacités, ou simplement aux possibilités qui pouvaient être données à ces zones pour se hisser à l'étape du décollage économique. Le processus du développement parut si long, pour les étudiants africains, soumis au matraquage intellectuel par l'ingurgitation des théories de croissance de la pensée économique occidentale. À tel point qu'ils n'eurent plus l'aisance intellectuelle de combattre le colonialisme idéologique qui s'exerçait sur eux, les transformant en des experts dans l'incapacité de proposer des schémas valables pour dynamiter leur société sclérosée par tant d'années de soumission.

L'aspect essentiel de l'activité économique était devenu si éloigné de la réalité. Ainsi, les eaux si profondes et envahissantes engloutirent toute velléité d'une pensée autonome. Même le simple réflexe de la comparaison leur fut interdit. Comment une petite Suisse, spatialement sans grande importance, démographiquement inconsistante, est malgré tout l'une des puissances économiques tenant tête à des géants comme les États-Unis d'Amérique, peut affranchir de la soumission à des théories même les plus affirmées ? De même pour quelle raison une Chine austère politiquement et financièrement, s'est-elle constituée en ce pôle d'attraction des capitaux du monde se proclamant libre et avancé ?

Autant d'interrogations qui favorisent une remontée dans le processus de connaissance de manière autonome. Mais on comprend aussi qu'une telle démarche éveille des soupçons de velléité d'affranchissement idéologique appelant une réaction immédiate de l'idéologie colonialiste ; la peur que les facteurs déterminants du sous-développement ne soient débusqués ; que les dominés par la pensée économique occidentale ne perçoivent la perfidie qui fonde cette pensée, plus idéologique qu'économique, aussi pernicieuse que la pensée religieuse qui l'eut précédé dans cette voie.

Au regard des deux exemples ci-dessus, on peut tenter de résumer ce qu'est le marché, le moteur de l'évolution économique : l'action humaine économique est déterminée par l'importance démographique, d'une part, et par l'importance du revenu, d'autre part ; c'est par le rééquilibrage de ces deux facteurs qu'on atteint l'étape de la croissance soutenue et d'une bonne répartition sociale [53]; celle qui est démographiquement dominée par les catégories sociales aux revenus moyens consistants. Ainsi d'une petite Suisse qui peut jouer dans la cour des grands, jusqu'à se tenir en dehors de la Communauté européenne, son espace naturel ; le niveau de revenu y est le facteur rééquilibrant le facteur démographique. Mais sa position restera subtilement à jouer dans la cour des géants économiques. Ainsi, Les États-Unis d'Amérique n'avaient pu déclasser l'Angleterre dans la hiérarchie économique que par l'avantage procuré par la combinaison opportune de ces deux facteurs. Ce n'est pas seulement par la formidable et spectaculaire faculté d'innovation de sa population, ni par l'étendue de son territoire, avec ses potentiels énormes en matières premières, qui sont comme les vrais artisans de cette suprématie économique et partant politique sur le reste du monde. C'est la conjonction de ces deux facteurs qui a permis cette suprématie. Lorsque l'analyse économique aborde la question du dynamisme de l'économie américaine, elle occulte l'aspect démographique. Le marché américain n'est pas le marché de référence par le seul facteur financier et monétaire. Ce pays a toujours été celui où la finance a rencontré la démographie. C'est cette constatation qui vient de hisser de manière exceptionnellement spectaculaire l'économie chinoise en trente ans, passant du sous-développement au niveau de l'économie américaine.[54]

L'analyse économique de la domination s'alarme sur une prétendue explosion démographique future en Afrique. Sous un perfide humanisme, on prédit la catastrophe sociale du fait de l'insuffisance des capacités africaines à créer de la richesse.

Cette analyse ne semble pas se souvenir de ses conclusions sur la Chine et l'Inde, il y a peu. C'est donc tout naturellement qu'elle projette ses souhaits sur un continent dont on redoute, à l'instar du continent asiatique et latino-américain, qu'il ne s'éveille quant à la conscience de ses immenses capacités subordonnées jusque-là.

Si l'inquiétude était un tant soit peu réaliste, pourquoi redouter une situation qui peut être sous la maîtrise du système financier mondial ? Qu'est-ce qui ferait que le schéma chinois du financement du progrès de ce pays ne se reproduise pas en Afrique, si ce n'est une volonté délibérée de la finance internationale de voir se maintenir ce continent dans le rôle que jusque-là est le sien, et encore une fois, par la cupidité de la finance internationale ?

C'est là qu'apparaît de plus en plus la transformation de ce continent en champ de bataille entre l'économique et le politique, sous l'illusion savamment orchestrée par des institutions de la coopération multilatérale à apparence économique et financière que sont le Fonds Monétaire Internationale et la Banque Mondiale.[55]

Il reste que l'autre versant de cette réalité du marché est le revenu. Là, les choses paraissent simples et plus naturelles. L'économie du développement — discipline appendice de l'analyse économique pour le sous-développement — en a fait l'un des points d'honneur dans l'explication du phénomène du retard économique ou mieux le blocage économique de certaines sociétés. Pour elle, le vrai problème de la stagnation économique de certaines sociétés latino-américaines et africaines depuis au moins le XIXe siècle est rendu par l'expression « cercle vicieux ».

Se fondant sur une synthèse entre néoclassicisme et keynésianisme, les insuffisances des structures économiques nationales en Afrique sont la faiblesse de l'investissement du fait de la faible capacité de l'épargne, elle-même due au faible niveau de revenu, lui-même dû à l'étroitesse du marché et devenant un frein à son élargissement. La boucle se boucle sur elle-même et aucune solution n'est envisageable.

Curieuse analyse tout de même.[56] En effet, ces conclusions s'enchevêtrent dans un labyrinthe à deux branches qui se rejoignent par ailleurs : la branche d'une économie autarcique et celle d'une économie ouverte sur le monde. En réalité, il n'y a jamais dans une quelconque situation économique de dilemme du revenu. Et, dans une économie ouverte sur le monde, pas de dilemme de l'épargne et de sa justification, l'investissement. C'est là qu'apparaît le vrai visage de ces théories à faux visage humaniste, sachant dissimuler leurs objectifs réels. Par exemple, pendant qu'on émet ses hypothèses, on fait fi du fait financier qu'il y a un système bancaire complet ; de même, nombreuses sont ces économies ayant une réelle capacité financière grâce à la rente ; ce que laissent entrevoir les statistiques monétaires et financières ; à moins d'émettre des doutes sur l'honnêteté intellectuelle qui entoure ces chiffres, ce qui poserait des questions sur l'utilité des comptes nationaux ; car on imagine mal qu'aucune pression politique ne s'exerce sur les hauts fonctionnaires qui sont d'abord des politiques avant d'être techniciens. Avec leur pratique, l'économie est d'abord politique et seulement après économique. La subtilité est ici au niveau de la méthodologie — la même que partout ailleurs — avec ses sous-entendus acrobatiques. L'économie du développement africaine reste imperturbable parce qu'il n'y a aucun profit à attendre d'une prise en compte des comportements économiques sociétaux.

Le rôle moteur du revenu dans la croissance économique est immense. Les classiques s'en sont bien aperçus à travers la formule, parfois jugée sévèrement par la succession, de la loi des débouchés. L'insensibilité des Africains à cette loi n'est que le reflet de leur servitude. La loi des débouchés n'est pas seulement une incitation au revenu par le travail, mais elle est la meilleure ouverture sur la formation et l'extension du marché. C'est en assurant un revenu au plus grand nombre et en garantissant un niveau satisfaisant de celui-ci que les économies des petits pays européens, à l'instar de la Suisse, le Luxembourg, les pays scandinaves, la Hollande et la Belgique (la liste n'est pas exhaustive) ont pu connaitre et connaissent encore un rythme de croissance soutenu et satisfaisant. Mais le revenu ne joue pleinement ce rôle que sous la forme monétaire. Sous cette forme, qui s'est généralisée, la stupéfaction est vite arrivée par le quasi-reniement de l'auteur de loi des débouchés, du rôle primordial joué par la monnaie dans tout système économique.

La monnaie au rang de simple voile de la réalité économique des échanges : les produits s'échangent contre les produits. Mais les désirs s'échangeraient-ils contre quoi ? Dans une société où la monnaie est essentiellement affectée à la production et à la consommation, pouvait-il y avoir autre conclusion plus intelligente ? Aussi, il peut paraître exagéré toute réplique à cette traduction du vécu en ce siècle où commençait à se poser avec acuité la problématique de la répartition. Si on élevait la monnaie à autre rang, cela n'augurerait-il pas une ère nouvelle où la monnaie allait se désirer en soi et engendrer des activités contre-nature ? Mais pour l'instant, nous, Africains, devrions nous demander ce qu'on gagne dans cette joute oratoire. N'est-ce pas là, grâce à cette loi des débouchés, que nous pourrons trouver le premier remède à nos problèmes de l'étroitesse du marché ?

8.1. Si la monnaie n'est qu'un voile ?

Revenons à cette personnalité de Say J.-B., que la controverse n'avait pas pu et su laisser de côté, et pour cause. Dans l'Europe de la manufacture et de l'industrie naissante, une chose l'inquiétait particulièrement, en apparence tout au moins. Ce qui l'inquiétait, c'est cette force que représentait la monnaie, qui tendait à s'imposer sur l'organisation sociale de la production. La monnaie avait tendance à s'éloigner de son essence et devenait trop désirable en elle-même. Aussi pour lutter contre cette tendance qui devenait prégnante, il tentait cette pirouette philosophique tendant à démasquer la véritable nature de la monnaie ; il résumait sa pensée par la formule suivante devenue virale dans le milieu des économistes du XIXe et XXe siècles : la monnaie n'est qu'un voile, qui masque la réalité du fait social et économique, montrant l'échange comme un acte monétaire alors qu'il est essentiellement un acte entre deux produits ou services.

La question trouve son actualité dans ce continent africain. Par la fonction qui lui a été dévolue par l'exploitation coloniale.

Parvenus au niveau du développement qui est le leur, l'économie de services et la demande en loisirs, tout comme aujourd'hui, l'économie du sport, les jeux de hasard et l'économie financière,[57] tout cela semble militer pour une condamnation sans réserve de cette loi. Les produits ne s'échangent pas avec les produits. La monnaie n'est pas un voile dans la mesure où elle permet l'illusion de la non-synchronisation de la demande et de l'offre. Ce que le keynésianisme à sa suite qualifiera de réserve de valeur. Mais, quoi qu'on en dise, quels que soient les multiples virages et les multiples facettes que celle-ci pourra emprunter, l'argent peut appeler l'argent, mais en bout de ligne, c'est vers la production des biens et des services que la monnaie se destine et à rien d'autre.

Quand le magazine Forbes établit son chalenge des hommes les plus riches sur la planète, il est curieux de constater que le gros de cette fortune n'est pas sous forme liquide, monétaire et financière, mais plutôt sous forme solide de biens physiques produits, qu'il s'agisse des œuvres d'art, des actifs immobiliers, des bijoux, des automobiles, des biens ayant appartenu à des célébrités qui n'ont jamais entendu parler ni de Keynes, ni des classiques et des néoclassiques.

Le danger, pour les pays arriérés, vient du fait qu'ils ne trouvent sur le marché des théories du développement que des produits qui sont d'un autre temps, d'un autre environnement. Trop loin devant eux, alors que les producteurs de ces théories exigent d'eux non pas adaptation, mais soumission. Mais, malheureusement, les contraintes économiques ne sont pas les seules contraintes dans l'évolution sociale. Elles peuvent ne pas être en synchronie avec les contraintes sociologiques ; ce qui n'est pas toujours de la conception de l'économique. C'est ainsi que les élites, plus à propos, les « évolués », se sont trouvés en conditionnement. De poser que la monnaie, par exemple, est neutre, en quoi cela nous avancerait-il sur notre sentier du développement ? En quoi, devrions-nous nous sentir concernés par la contestation de l'analyse monétaire au XXe siècle occidental, d'un constat au XIXe siècle ? Et, si celle-ci a largement débordé sur les intentions des classiques ?

Comment ces évolués pouvaient-ils intégrer les constats faits sur les bizarreries de leur monnaie, le franc CFA, dans le schéma de la création monétaire ? Parmi lesquelles, la fixité de la parité avec une monnaie et en même temps la flexibilité sur le marché monétaire au travers de cette monnaie ? Le franc CFA ne s'échangeait pas directement sur le marché international ; il n'existait pas ; il n'existait qu'au travers du franc français.

Quelle explication scientifique valable avancée, si ce n'est une justification du zigzag de la valeur de cette monnaie dans ce système de parité fixe ?

L'histoire révèle que cette monnaie d'une économie faible - l'économie coloniale - avait connu cette période où elle était plus cotée que la monnaie de l'économie nationale métropolitaine qui la soutenait ; que cette valeur a connu des révisions au gré des saisons, tantôt supérieure, tantôt inférieure, tantôt décotée à l'impair, etc. ; pratique quasiment insensée, mais qui s'autorise tout, du fait de son péché des origines, une monnaie qui n'est pas réellement liée à une banque centrale, comme la théorie l'atteste, mais à un trésor public, sans que cela surprenne la théorie.

Curieusement, cette expérience n'a pas suscité la moindre interrogation tant la soumission a été bien intégrée en soi. Bon !

Le sursaut que l'on n'espérait plus, a fini par arriver du côté où on l'attendait le moins. Du côté de l'action politique.[58] L'analyse économique, curieusement, s'agissant de cette monnaie, pouvait en rester sans voix, et la théorie qui la sous-tend ne trouvait rien à redire.

La monnaie en soi n'est pas un sujet passionnant. Ceux qui en ont fait le cheval de bataille pour gagner le pari sur le développement ont raison. Mais, leur raison n'est pas plus enviable à la raison qui est celle des autres de l'autre côté. La politique monétaire ne conditionne nullement le rythme du développement. Ainsi, gaver l'opinion d'exemples de pays, en Afrique même, ayant souveraineté sur leur monnaie et qui s'en sortent bien, est une bonne stratégie de repli, mais c'est à peu près tout.

Évoquer dans ce brouhaha des opinions les cas des échecs socioéconomiques, en dépit d'une souveraineté sur la monnaie, parait mieux se positionner dans la recherche des causes existentielles de la débâcle de ces pays. Car, bien nombreuses sont les pages des livres consacrées à cette question monétaire, mais peu sont celles qui contiennent les véritables recettes miracles. Ainsi, dans les succès économiques de la politique monétaire de l'ancienne puissance colonisatrice, il n'est jamais fait mention de la contribution de la monnaie en cours dans les anciennes colonies.

En revanche, il figure bien une rubrique pompeusement qualifiée de concours au développement des ex-colonies pourtant indépendantes, mais là encore, c'est à peu près tout. L'aide au développement est dans les annales statistiques de l'OCDE[59], mais le concours du compte d'opérations à la stabilité des finances publiques de l'ex-colonisateur n'y figure jamais.[60] N'est-ce pas là un début de preuve que la monnaie n'est pas ce qu'elle prétend être, par la grâce de l'éloquence et la rhétorique des spécialistes qui, au fond d'eux-mêmes, ont toujours ressenti la tempête du pouvoir de domination sur les autres ?

Si en camouflant le compte d'opérations aux autres (alors qu'il est réel et actif), est sans effet sur le cours de la monnaie, ni sur la stabilité économique, une situation sans inflation, alors il y a problème. Le même type de problème structurel que la planche à billets américaine n'a jamais eu à affronter en dépit de son fonctionnement contre-nature, même si c'était au cours d'une situation exceptionnelle. Au contraire !

La guerre ne saurait constituer un alibi pour justifier l'abus de sa position monétaire dominante. Comment des billets de monnaie ou billets de banque, déboutés de leur espace de validité, se sont-ils faits si silencieux jusqu'à prendre une position d'imposture et se créer son propre marché hors zone ? Comment des faux dollars qui auraient dû provoquer la débâcle en Europe, se retrouvèrent être le moteur de la croissance économique dans cette zone ?

Voilà un type de problème qui n'effleure aucunement la conscience de la monnaie. Et, c'est là qu'on comprend que le franc CFA était assis sur rien[61] et que de sa seule circulation, tout n'est que profit pour le souverain suzerain.

De cette apparente contradiction, il ressort ceci de dynamique que la réflexion ne devrait pas s'arrêter à la porte de la politique monétaire pour amorcer une croissance économique. Parce que c'est seulement par une curiosité académique qu'on se laisse voguer sur ces vagues-là.

Le développement fulgurant de la Chine n'a peut-être rien à voir avec la monnaie ; même si celle-ci a toujours eu souveraineté sur sa monnaie. Dans le sillage de l'analyse de l'économie chinoise, faisons-nous violence pour ne pas oublier le développement de la Corée du Sud. Deux cas de pays voisins, mais antipathiques. Deux conceptions de la croissance économique qui se rejoignent sur un point : l'énorme potentiel du marché international doit être substitué à la faiblesse du marché national. Dans les deux cas, la monnaie nationale n'a cours qu'à l'intérieur. Le niveau de la rémunération du travail et le niveau de qualification sont les vrais atouts agités à la face du monde pour s'attirer les investissements. Dans ces deux cas, ni problème du taux d'intérêt, ni toute autre action de la banque centrale, n'ont pas pu exercer un attrait sur les capitalistes étrangers.

Un jour, on découvrira peut-être que cette banque centrale a joué un rôle essentiel. Pour l'instant, nous pouvons constater que l'introversion de ces économies nationales s'est réalisée à la suite de l'extraversion de celles-ci. Que cette introversion a favorisé la balance des paiements par la constitution d'une forte cagnotte en devises. La valeur de leur monnaie était très faible, surtout par le fait de l'intoxication politique que de la réalité économique.   C'est très tard dans le cas de la Chine, qu'étant donné sa nouvelle position économique et financière en monnaie étrangère, la demande lui fut adressée de revoir la valeur de sa monnaie nationale. Parce que pouvait-on lire, l'économie chinoise exerçait une concurrence déloyale dans ce contexte où son économie, la deuxième du monde, avait une monnaie qui ne reflétait pas cette position.[62]

Mais, là encore, on n'est jamais sorti de ce quiproquo : le Yen a toujours été sous-coté par rapport au dollar, au franc CFA, au franc français, au franc suisse, etc., en dépit de son statut de deuxième ou troisième économie mondiale pendant toute la deuxième moitié du XXe siècle. Les taux du change du Yen et du Won sud-coréen sur le marché des devises ne paraissent point surprendre jusqu'à ce jour.

La monnaie souveraine ne peut aider au développement que si elle n'est pas exposée aux influences extérieures. C'est la conclusion la plus évidente au regard des situations économiques nationales connues. Les mouvements des personnes sont donc limités, pour contenir le change qui est une occasion de déperdition monétaire dans le circuit économique national. La monnaie nationale sert presque exclusivement au niveau des transactions internes, tandis que les devises servent les relations économiques internationales. Ainsi, le fait qu'on se soit laissé emporter dans le tourbillon de la monnaie ne signifie nullement que l'on y a laissé notre âme. Le développement passe par la loi des débouchés, les produits doivent s'échanger contre les produits et en bout de fil, il ne reste que la monnaie pour avoir facilité les transactions.

À notre pied est attaché ce boulet monétaire ; lourd, il est, mais on n'y peut rien. De plus en plus, les spécialistes eux-mêmes sont dépassés par les faits. La théorie classique et sa suite, et même le keynésianisme, se retrouvent un peu sabordés par la nouvelle donne. D'abord, ce sont les jeux de hasard – jeux d'argent – qui ont commencé à distraire l'opinion. Ensuite, les loisirs ont enfoncé le clou. À présent, c'est la société numérisée qui risque d'entamer la débâcle de la pensée économique futuriste. On peut à première vue se faire un bon revenu sans suer.

8.2. Quelle est la cause du sous-développement ?

C'est là la question que tout le monde se pose. Ou devrait se poser. Avant de s'en remettre aux autres et à leurs prétentions sur nos intelligences. Ce qui ne devrait plus nous étonner, car dans la nature, les situations de pouvoir sur l'autre, de domination ou de prédation, sont existentielles. L'acharnement sur la responsabilité de l'autre nous met aussi en danger ; le risque de contradiction est réel. Par exemple, la vindicte contre le franc CFA apporte du lest (sur) à la responsabilité d'une gestion peu encourageante de la chose publique. À moins d'établir une coresponsabilité du franc CFA et des élites dirigeantes. L'opportunité de sortir de ces pôles d'accusation ne semble pas encore présente.

La responsabilité de cette monnaie prétendument coloniale sur l'aspect précisément du blocage du progrès socioéconomique des pays qui en usent, exige que soit adoptée une problématique plus sereine. Les cris sont si stridents que tout autre son de cloche en devient inaudible. Non seulement cela, mais surtout toute tentative d'appel à la pause dans cette marche funeste anti franc CFA est stigmatisée comme le signe de ralliement néocolonial.

Les élites africaines sont curieuses dans leur démarche. En 1994, un premier ministre français de l'époque, plutôt de tendance libérale, a une vue différente de ses prédécesseurs. Il avait une autre analyse sur la situation de la zone d'influence de la monnaie franc français. Sa cible était justement le franc CFA. Dans son analyse, cette zone monétaire était plutôt un boulet à la cheville de l'économie française. Il fallait s'en défaire.

Il n'avait pas pu, ayant sous-estimé la primauté de l'analyse politique sur l'analyse économique. Il n'avait pu obtenir qu'une révision de la parité, qu'on avait présenté comme une dévaluation.

Aucun son de cloche du côté des spécialistes africains ne s'était fait entendre. Pour dénoncer le bradage des matières au travers de cette révision défavorable de la parité, ce qui aurait pu amorcer la réflexion sur l'autonomie de cette monnaie CFA ; pour tenter de percer l'idée qui avait animé cette décision française et montrer sa préférence envers ce personnage finalement révolutionnaire en la personne du premier ministre Balladur Edouard.

Là encore, trop occupées ont toujours été ces élites qui sont sans cesse ailleurs que là où on aurait souhaité les voir apporter leur contribution. C'est cela le bourrage colonial : celui qui met en porte-à-faux avec sa propre réalité pour préférer s'acoquiner avec les préoccupations de l'autre. Un peu comme du temps du triomphe du petit livre rouge chinois et du « Petit livre » de Lénine sur la théorie de l'impérialisme.[63]

Les élites nationales africaines en formation avaient sauté dessus poing fermé. Ils venaient de découvrir la bonne potion magique qui devait les aider à sortir leur pays de la colonisation et de la pauvreté. Mais, comme chez Lénine, la question phare, quand on sort d'un système qui a tant marqué les esprits, est : « que faire ? ».

IX. QUE FAIRE ?

Que faire ? La question suppose qu'un bilan a été établi ; qu'une action rétrospective doit être la base de l'action stratégique. Dans le cas présent des situations si communes africaines, on craint que la spécialisation ne soit un handicap déterminant dans ce travail de rétrospection.

Commençons par ce bilan : Sur quoi devrait-il porter, pouvait-on se demander ?

Au regard de l'importance de l'école dans la dilution du système culturel local, c'est donc manifestement sur elle que devrait porter ce bilan. L'école spécialisée dans la connaissance de l'environnement humain ; cette école qui est sereinement représentée par l'image qui orne la couverture ; cette image qui, à elle toute seule, est l'expression de la décadence qui curieusement est l'expression la mieux achalandée du paradoxe de l'ex-colonisé.

N'allons pas loin et regardons le personnage de l'économiste, pour la raison simple que lui et son cousin le juriste, sont ceux qui sont le plus violemment impliqués dans le conditionnement social.

On peut être attristé par le fait de leur conversion à des pratiques sociétales qui ont été, avec finesse, élevées au rang d'universel. Parmi ces pratiques sociétales, celle exprimée par la fameuse loi de l'offre et de la demande. Aucun juriste n'a osé questionner le caractère de loi de cette constatation en milieu social déterminé. Cette curiosité du juriste aurait-elle pu aider l'économiste ex-colonisé à mieux asseoir son entendement ? Mais, l'économiste accepterait-il ce concours de la part du juriste, ou craindrait-il que le caractère universel n'en vienne, par ce fait, à être ôté de ses prétentions, ce qui ruinerait sa réputation ?

C'est la loi économique la plus usitée dans la vie courante. Les journaux la diffusent chaque jour. Pas un seul jour où on apprend que le déficit de la quantité de tel ou tel produit — le logement, par exemple, dans une métropole -, a entraîné presque instantanément son prix à la hausse. C'est donc ici la rareté qui est en joue. En réalité, de cette rareté est née l'idéologie sortie de ce constat et qui a pu haranguer tant de monde dans des sphères sociales si diversifiées. Cette idéologie qui est le socle sur lequel la pensée économique a construit tout son schéma.

Les victimes en sont devenues les porte-flambeaux. Les élites africaines se sont tellement émerveillées devant cette trouvaille, qu'elles n'ont eu de cesse d'en faire l'éloge. Mais, pourquoi la rareté entraînerait-elle nécessairement une surévaluation de la situation, se traduisant en langage de prix par une variation de celui-ci ? N'est-ce pas par le même mécanisme de chantage culturel pour s'assimiler à l'autre que l'individu ex-colonisé se vautre avec tant de mélancolie dans cette fameuse loi prétendument universelle ? Parce qu'il n'est pas rare de voir dans ces sociétés humaines un acte de don portant sur un bien estimé rare. Le geste posé alors n'a de prix que social qui ne s'évalue pas par rapport au préjudice financier, mais par rapport à la satisfaction morale qu'il procure et qui est au-dessus du prix sous forme monétaire.

L'économiste revendique sa supériorité dans ce bilan. L'aspect économique s'imposant alors d'emblée, les autres ne seraient plus que de simples spectateurs. Et, de la même façon qu'on accuse avec beaucoup d'aisance la monnaie des colonies françaises de tant de malheurs dans la néo-colonie, de même, on doit se dire que la société humaine de la néo-colonie a des valeurs propres qu'il ne fait pas bon d'ignorer; l'interférence entre les valeurs culturelles peut avoir des effets réels sur l'économique.

Dans l'Amérique amérindienne, le dépeuplement n'a pas été seulement de la responsabilité des conquistadors espagnols ou anglais, sans oublier portugais et français. Le massacre qui est à l'origine de la quasi-disparition de la faune leur est imputable sans nul doute. Par contre, la déliquescence de la société amérindienne est attribuable certes en partie à la suprématie de la cupidité européenne, mais également à l'affrontement des cultures en présence.

Le fait est du même mode opératoire partout où le face-à-face entre deux cultures a été d'une violence sans pareille. La culture dominante s'impose à l'autre sans lui laisser la possibilité de s'adapter. Les incompréhensions sont nombreuses. Les usages s'inversent. Les croyances religieuses sont contaminées. La lumière divine est désormais représentée par la bougie. Tout comme l'alcool devient le bon conseiller dans la vie. Les patronymes en prennent de leur grade. Le sommeil envahit la société. Et, quand viennent à sonner les matines du réveil, l'amertume dans le constat pousse vers la résignation. Les individus survivants de cette tragédie se cloîtrent et les regrets s'évanouissent dans la croyance. Mais, la croyance elle-même est dans la tourmente. Là, le cercle devient très vicieux.

Il est sans nul doute aussi vrai que l'explication économique des problèmes du sous-développement africain ne peut pas être rattachée exclusivement à l'exploitation coloniale. Le fameux pillage des matières premières n'explique que la moitié des problèmes du développement africain. Ce n'est pas pour rien que la colonisation économique et administrative s'est toujours accompagnée ou même précédée de la colonisation religieuse.
Sur ce point, Marx Karl avait une bonne longueur d'avance sur la conscience collective. L'effet du mythe de l'invisible sur les humains est l'un des meilleurs anesthésiants sociaux. Craindre quelque chose d'inaccessible est le meilleur traquenard de la volonté humaine. Cette crainte est d'autant plus forte que nous nous sommes laissé embrigader par des faits nouveaux qui s'imposent comme les normes de la modernité.
Personne ne se méfie de la sournoiserie de l'habit, du vestimentaire. Ainsi que de celle de l'habitat, la maison, la parcelle. À eux seuls, ces faits devenus sociaux sont un véritable danger sociétal. Ils ont fait bien plus de razzias dans la structure sociale et culturelle que le reste. Mais, leur relative intégration culturelle, compte tenu de leur nature, leur ont permis de se fondre dans la société ; à partir d'une position idéale bien affirmée, ils ont pu entreprendre en douceur leur processus de désintégration.

Personne ne s'en doute. C'est pourtant cela qui facilite l'exécution des plans perfides des industriels des pays occidentaux sur les régions minières de l'est de la République Démocratique du Congo ou de la République centrafricaine. Le travail décrié des enfants dans les mines, ainsi que la violence interminable dans ces zones n'auront que très peu de chance de résolution. Il est notoire le fait qu'en Afrique centrale, la participation au pillage des deniers publics se déroule au moment de la nomination au gouvernement. Celui qui est gratifié de ce privilège est d'emblée considéré comme personnage qui doit passer l'unique test auquel on n'est jamais admis, le test sur la teneur de sa garde-robe. Même en situation financière difficile, on ne peut pas sacrifier, déroger, à ce rituel. Une bourse non constitutionnelle est attribuée à l'heureux récipiendaire. Car, on naît de nouveau ; on intègre un monde où le plumage arbore le pouvoir.[64]

Cela ne choquait personne, pour le moins du monde. Le bénéficiaire, bien au contraire, pouvait arborer un sourire hautain à l'adresse de tous, traduisant sa nouvelle conviction qu'il ne vivrait plus la misère. C'est peut-être là que le sous-développement prend racine : dans la colonisation mentale chez le colonisé.[65]

Le mythe en économie de la main invisible a, entre autres pouvoirs sur le colonisé, d'occuper son attention sur un seul point : la croissance économique est issue de l'activité économique et de rien d'autre. C'est pour cela que seules les matières premières intéressent la réflexion ; que les questions écologiques à la mode aujourd'hui dans la réflexion collective internationale sont très marginales.

L'analyse économique n'a pas vocation de coopter de nouvelles aires de consommation ; et donc d'industrialisation. La théorie économique n'est pas scientifique du fait de sa trop forte imbrication avec l'anthropologie à qui elle doit son existence. L'anthropologie n'est qu'une méthodologie d'investigation des pratiques sociales. Ces dernières sont le reflet de la société. Et, qu'est-ce qu'une société ? La société est un tout dans le temps et l'espace avec l'être humain au centre certes ; c'est la symbiose entre l'humain et son espace dans l'environnement global.

De ce point de vue, il n'y a pas plus de chance de réussir la conversion économique qu'il n'y en a sur le plan juridique. Le droit et l'économie ont longtemps été considérés comme des disciplines sœurs. C'est ensemble que ces deux disciplines ont entraîné ces sociétés dans le chaos. Mais, celui-ci est partiel, circonstancié et circonscrit.

Le chaos sera total quand l'économie sera une science, au même titre que la philosophie, par exemple ; bien de ses principes entraîneront des conséquences réelles sur la production de la richesse dans l'environnement mondial de marché ; l'action de piller les matières premières chez un voisin faible militairement, aura pour conséquence la neutralisation de la production à l'échelle de l'économie nationale du pilleur ; par l'action monétaire d'une masse monétaire qui sera en deçà de la réalité. La théorie qui la soutiendra aura pour conséquence la désintégration des structures économiques nationales. Ainsi, la mondialisation (en) sera le vecteur de propagation du chaos.

C'est dans cet environnement chaotique que les monnaies perdront de leur superbe et cèderont la place à une autre monétisation. Parce que le chaos n'est pas synonyme de destruction ; c'est une régénérescence, une reconstruction. À l'image du secteur informel où le déterminisme du chaos est générateur de revenus ; ce qu'on n'hésite pas à qualifier de secteur pour la survie.

Pour que la monnaie soit dynamique dans ces pays, elle doit être rattachée à la structure économique nationale. Elle doit suivre la pratique économique et non la précéder. La surévaluation monétaire est le fait de l'extraversion de la structure économique. C'est ainsi seulement qu'elle sera un facteur de développement, en créant un tourbillon qui entraîne la valorisation de la spécialisation et la diversification dans la production des biens d'existence.

Pour l'instant, c'est une théorie des relations économiques mal digérée qui préside à la destinée nationale. Elle est responsable des dysfonctionnements observés avec ses écueils fatals.

Ainsi, encore et toujours la monnaie. Comment d'un voile, cette matérialisation de la valeur a pu prendre le dessus sur les valeurs ? Mais, on voit bien qu'ainsi formulée, cette question exhibe elle-même sa propre réponse. C'est dans cette capacité à représenter la valeur que la monnaie ne pouvait que devenir marchandise particulière. Elle est devenue particulière parce qu'elle a pu transcender le système de production pour s'insérer dans le système de besoins. Or, en économie, le système de besoins est fondateur. C'est autour des besoins que toute société animale se crée. C'est le système des besoins qui apporte ou propose les solutions.

Pris dans l'angoisse de la reconnaissance par les élites d'anciennes puissances dominatrices et colonisatrices, le colonisé transmet ses connaissances sur le système keynésien. La bourse lui apparaît comme une opportunité de financement à exploiter dans les projets de développement. Comme dans son aptitude, l'histoire de la bourse l'indiffère. Tout ce qui l'intéresse, c'est la capacité affichée de cette institution à apporter la solution au besoin de financement par le monde.[66] Fort de cette conviction, il ne peut voir ni la constitution des capacités financières propres, ni l'incongruité des politiques de développement.

La monnaie est bien plus encore. Elle a engendré une économie financière qui prend appui sur presque tous les aspects de la vie. En même temps qu'elle a permis et permet encore de repousser les limites des besoins dont elle a fait éclater le caractère, à la manière d'un virus dans une cellule.

De nos jours, il est difficile de s'accrocher à la nomenclature de jadis sur la typologie des besoins, en fondamentaux et non fondamentaux. Le système économique et son environnement socioculturel ne pouvaient se laisser enfermer dans une typologie qui ne reflétait pas les évolutions sociales. Le classement des fortunes dans un pays et au niveau mondial est plus qu'un simple classement : il est aussi un indicateur parfait de la nouvelle trajectoire sociale et économique entreprise par le système économique.

De plus en plus, la fonction de saltimbanque prend une dimension particulière, révélant - si besoin en était encore - une nouvelle typologie des besoins. Le loisir est devenu un besoin dont la demande appelle une offre en pleine croissance.[67] Par effet d'attraction, le saltimbanque interagit de plus en plus dans la production en se portant garant de l'espoir contenu dans la marchandise. Son image est sollicitée pour la promotion de produits. Des sommes énormes sont englouties par les entreprises dans des campagnes de publicité. Le saltimbanque en prend un sacré coup de notoriété. Il devient la norme, l'archétype de l'excellence.

Parallèlement au loisir, la monnaie, vecteur du financement, allait inspirer les pouvoirs publics. Le loisir est un besoin, qui appelle une offre, qui brasse dans la monnaie et qui suscite la convoitise légitimée de l'État. Si chez les Romains, l'empereur utilise les jeux pour distraire et contrôler la société, des siècles après, la distraction allait devenir source de profit financier pour l'État. Comment ?

Une expérience avait surgi des basfonds sociaux et émerveilla la cité. Par sa nature discrète et insaisissable, c'est de la monnaie qu'allait bourgeonner cette expérience. Elle partait d'une idée confuse, mais suffisamment claire, qu'on peut tout détruire, excepté la monnaie. Une habitation brûle, mais dans le sol, la monnaie est à l'abri. C'est le bas de laine, pratique avant qu'un innovateur n'émette l'idée de l'épargne. Il y a toujours caché, oublié, un bas de laine que seule la puissance de la conviction soutenue par le gout du risque peut faire apparaître. Ainsi, le risque pouvait être pris.

Soutenu par une promesse de rémunération, le bas de laine était confié à un entrepreneur suffisamment aguerri, qui respecta sa promesse. Tout le monde était gagnant ; la vie repartit dans la cité. Sur cette idée de l'existence de bas de laine, un projet de politique de relance de l'activité économique est possiblement formulable. Cela relève uniquement de la perspicacité de l'acteur de la politique de croissance.

On a dit perspicacité. Et, si c'était là la clef du malheur de l'ex-colonie ? En tous les cas, ce terme est lié à ce qu'on a appelé « syndrome de l'ex-colonisé ». C'est la situation du chien qui veut se gratter sa queue. Entre l'envie de la mondialisation et le besoin d'assurer une situation économique pérenne, le syndrome balance. La pression de l'analphabétisme sur la demande de biens de consommation plombe les capacités intellectuelles des élites. Mais ces élites elles-mêmes sont noyées dans l'analphabétisme ambiant et dictatorial. Elles peinent à assurer leur survie. Elles avaient souvent, pour ce faire, des stratégies de survie très équivoques. Aucun projet ni la moindre ambition de faire émerger une classe sociale capable d'affronter son destin. Rien. La bourgeoisie élitiste ne se reproduit pas comme tel. Bref ! Les choses ne paraissent pas si aisées.

L'alphabétisation n'a servi qu'à ouvrir les yeux sur l'économie du bien-être. Par-là, il faut comprendre les plaisirs et pas les loisirs. Le loisir, finalement, est une résultante d'un mode de vie marqué par l'environnement physique et peut-être aussi intellectuel.

On commence à voir pointer, timidement, le phénomène de l'activité physique pour se maintenir en forme. Les gens vont courir ou marcher et le week-end est le meilleur moment à cet effet. Et, quand on observe bien sur ce terrain, on se rend compte que ces sportifs occasionnels sortent pour la plupart des milieux fermés ; une habitation fermée selon la nouvelle donne sociale de l'enfermement pour s'isoler et se protéger contre les nuisances extérieures. Expression pleine de quiproquos.

Elle est marquée par la sociologie nouvelle du bonheur, tel que la nuisance, ici, a pour synonyme la jalousie, l'envie…, l'œil du pauvre qui arrose tout l'environnement au passage et non le bruit. Le bonheur doit se protéger de cet œil inquisiteur et violeur de bonheur. Voilà le pourquoi des murs compacts qui entourent les habitations. La taille de ceux-ci est aussi fonction de l'aisance financière de l'individu.

Pour dire que l'idée de l'enfermement, de l'isolement, est devenue une idée généralisée, sinon virale. Une idée force :

parfois, on observe que l'habitation est sans cesse en cours d'achèvement, alors que le mur est déjà bien debout, protégeant l'intérieur de l'œil trop curieux des mouvements de la rue.

Curieux est ce phénomène nouveau tout autant qu'étrange. Parce qu'il marque, sans césure possible, le passage d'une société organisée autour des relations de proximité, à une société qui développe cette tendance insoupçonnée à l'exclusion par l'emmurement.

Aux premières heures de la formation des agglomérations urbaines coloniales, les individus urbanisés se comportent encore dans la liberté de leur mouvement. Les concessions, les parcelles, ont gardé la physionomie qu'elles ont dans les villages.

C'était l'époque où toutes les parcelles se prêtaient volontiers à s'offrir en raccourci d'un itinéraire pédestre. Puis, on vit l'intervention coloniale s'incruster dans cet aménagement de l'espace. Cela commença par une modernisation de l'habitation sur le modèle de l'habitation coloniale européenne. Un modèle qui préfigurait l'emmurement ; les parcelles étaient closes par une ceinture de fil barbelé ou de grillage. Les évolués s'y engouffraient. On allait vers une ville digne de ce nom, une organisation spatiale qui inspirait la fierté d'être un homme nouveau, dans ce nouveau registre du bien-être et du bonheur.

Ce phénomène de l'emmurement est donc, encore, une lecture paradoxale du mode de vie du colon. Il a pour expression la nouvelle organisation des relations familiales. Une nouvelle donne de la famille. Une famille à l'européenne, entend-on dire. Une idée de la famille forgée par le salariat et autour du salariat. Une idée insidieusement mystifiée et diffusée par les religions du livre coloniales. La malice du discours est telle que l'individu développe une peur en lui, pourtant une peur ridicule dès lors que le colon lui-même ne manifeste aucune peur à ce propos. Bref !

On s'emmure paradoxalement pour mieux exhiber son ascension sociale, sa nouvelle appartenance catégorielle. Cette nouvelle mode est datée. Pour une fois, on ne va pas l'attribuer totalement au colon. L'emmurement a été lancé comme mode de préservation du bonheur, ou peut-être plus naïvement du bien-être, par l'élite au pouvoir. Cette élite qui sentait un besoin pressant et fort de mystifier le pouvoir. Un pouvoir qui devait reposer sur une sorte de climat secret.

Le passage du pouvoir civil au pouvoir militaire a entre autres conséquences l'introduction du secret comme mode de gouvernance. À l'image de l'organisation d'une armée, avec sa hiérarchie pleine de mysticisme, de codes.

À ce jeu des apparences, leur pouvoir allait s'emmurer pour mieux s'exhiber, mieux impressionner. Mais au-delà, dans la société, apparaît le même besoin d'apparat, d'exhibition. L'exemple était donné. Le reste de la société se mit au pas. L'emmurement devint la norme.

Tout le monde tendit à s'emmurer. À tel point que la ville en devint terrifiante, lugubre, sans vie. Dans quelques quartiers, occupés majoritairement par les élites, la rue prit l'allure d'un couloir où la peur pouvait encercler le promeneur. Souvent, un silence de cimetière y régnait. Tout cela pour se convaincre qu'on venait d'atteindre le nirvana du bonheur. Contre le logicien Aristote, ce qui assassine lentement, mais surement, l'Afrique noire, c'est l'invasion de la société par le concept « bonheur ». On s'imagine mal la vie des criquets qui périodiquement font des dégâts sur les approvisionnements alimentaires des hommes, en s'attaquant directement à la source, aux cultures. Mais peuvent-ils un instant s'imaginer que tout dévorer sur leur passage les expose à une famine prochaine ? Les sociétés humaines africaines, en dévorant les richesses financières et matérielles de leur terroir, peuvent-elles s'imaginer qu'elles vont droit dans le mur des aides internationales ? Savent-elles qu'en naviguant à contre-courant de la vertu selon Aristote, Pierre Rabbi, Edgar Morin et Denis Lafay[68], elles hypothèquent leur avenir ?

Quand le philosophe et humaniste dit que le bonheur ne consiste pas dans l'amusement, parce que l'amusement ne peut pas être le but de la vie, que le bonheur ne se trouve pas dans l'accumulation des biens, les élites africaines tendent vers l'opposé[69]. Une attitude qui contraste terriblement avec le regain soutenu de la propagation des croyances religieuses, notamment des religions d'extraversion du livre. Mais là aussi, la curiosité ne s'y retrouve pas aisément. Quand, dans le fameux Livre Saint, il y est raconté, sous l'égide du charisme de Dieu, la vie d'un individu qui a tout expérimenté sur Terre, et conclut à la vanité des choses, rien à faire. Selon cette expérience, « tout n'est que fumée »[70]. Rien à faire !

Nos élites semblent gagner par le virus de l'expérience personnelle. Pour le malheur du continent. Parce que, quand tout va en fumée, elles ne s'aperçoivent de rien. Quand la pollution de l'air devient le quotidien et que la santé publique en prend un coup, elles pensent que c'est l'effet du sort. Les forêts sont décimées, essentiellement par la pression démographique sur les sources d'énergie nécessaire et accessible.

Le changement climatique, ô quelle belle occasion de rigolade ! Même le dérèglement des saisons ne les impressionne pas. La poursuite du bonheur, dans le matérialisme le plus éhonté, ne peut être que l'unique but. « Heureux ceux qui ne voient pas la ruine de leur pays, la destruction de leur race, leur femme dans les mains d'un ennemi et leur ami dans l'infortune » dit le brahmane[71].

L'imaginaire sur le paraître est l'un des grands, si ce n'est le plus grand poison qui décime l'Afrique noire. L'un de ces supports est l'habitation. Le support par excellence. Elle détruit l'habitat. Elle détruit la nature. L'habitation, au fil du temps, s'est révélée être l'exutoire des frustrations sociales. Quand ces frustrations font exploser l'être, l'aveuglement qui s'ensuit l'entraîne dans un état second de furie contre sa propre culture. Et malheureusement, c'est toute la société qui bascule dans le trou. Alors, les fléaux comme la corruption trouvent leur terrain de jeu.

C'est terrible de voir ça ; de voir une dépravation qui prend allure d'une véritable pandémie. Mais contrairement aux autres pandémies, la dangerosité de celle-ci réside dans le parcours qu'elle impose : d'abord, l'étape de l'extase ; la circulation monétaire s'intensifie et, curieusement, provoque une inflation de parade, de démonstration, d'exhibition sociale. Comme celle-ci, par ailleurs, n'a aucun effet immédiat sur la production locale qui est essentiellement constituée de biens de consommation alimentaire, ni la balance commerciale, ni rien, n'alerte sur le très probable risque de banqueroute qui guette les finances publiques. Ensuite, vient naturellement l'étape où la pandémie se révèle dans sa véritable nature. La bulle financière se dégonfle. Le levain dans la pâte a cessé tout effet et elle retombe.

Pour finir, curieusement, tout n'est pas perdu pour tout le monde. Pour l'élite, surtout politique, c'est une occasion de jauger l'indétermination populaire. Une opportunité de redéfinir une politique pour asservir le peuple par la dette. Ainsi, comme dans la fable de La Fontaine[72] qui eut bercé nos premières années scolaires, cette élite peut indexer, stigmatiser, le même peuple comme le premier responsable de la situation. Ce qui lui permet d'autorité de s'afficher comme la seule capable d'y remédier.

Pourquoi cette frénésie pour le paraître ?

Le paraître, c'est la consommation. C'est la première acquisition sociale auprès du colon. Par ce trait d'union au système colonial, jusque-là tout au moins, elle n'est pas un moteur de l'économie. Elle en est le fossoyeur le plus avisé

La consommation a tué la production. Par ce lien au colon et au système colonial, elle est marquée du sceau de sa perversion. Elle est ainsi l'expression matérielle du complexe du colonisé. Elle est sectaire[73]. C'est à elle que l'on doit la débandade de la balance des paiements, le déficit de la balance commerciale, la déforestation, la pollution, surtout en milieu urbain, ainsi que la dette.

Mais la consommation la plus insidieuse, pernicieuse, n'est pas celle-là. C'est celle qui consiste à consommer ce produit immatériel que produit l'école. On a dit éducation. Mais on éduque par quoi ?

Voilà que nous nous retrouvions en face de la perspicace observation de l'observateur universitaire Dinga Dilungu ; un observateur de la société néocoloniale aux aspirations parfois terrifiantes sociologiquement et catastrophiques, économiquement. Celui qui pouvait faire douter sur les capacités du corps des enseignants nationaux à former bien plus qu'à déformer l'élite. Il nous faisait part de son expérience au marché, non pas comme consommateur, mais se tenant aux côtés d'une vendeuse de fruits. Il observait le comportement de celle-ci face à sa marchandise d'abord, puis face à la clientèle ensuite. En l'écoutant nous livrer son récit, la mémoire nous revint sur la boutade parabolique de Keynes. Ce patriarche de la théorie économique active instruisait le monde occidental sur sa théorie et agrémentait son propos avec des exemples concrets, c'est-à-dire relevant des comportements normaux. Ici, c'est sur la collectivité avec son champ de bananes qu'il se focalisait. Ainsi, c'était là l'occasion de confronter les faits à la théorie.

Il nous faisait part de ce comportement atypique de la vendeuse. Les fruits sont généralement des denrées périssables. Mais en plus, cette vendeuse ce jour-là vendait un fruit très périssable, la papaye. Le prix moyen affiché était assez dissuasif, compte tenu du niveau général des revenus et des priorités alimentaires dans la société. Mais ces deux éléments réunis ne pouvaient faire fléchir la politique de vente de cette vendeuse. Le stock de papaye était bien fourni et les fruits bien mûrs. Le risque d'une perte était fort. Au soir venu, le stock était encore à moitié de ce qu'il était le matin. Le marché tirait à sa fin. Aux derniers clients qui paraissaient s'intéresser aux fruits, elle ne modulait pas son prix. À la fin, une bonne partie du stock de papaye s'est retrouvée dans la poubelle.

Allez-y comprendre, ajoutait-il !

Oui ! De vouloir pénétrer la logique qui animait la capacité de raisonnement de cette vendeuse dont les principes de la rationalité défiaient l'entendement, était un autre défi.

On comprenait qu'avec la vente de la moitié de son stock de papayes, elle était rentrée dans ses frais. Mais comment pouvait-elle se contenter de cette situation quand elle aurait pu accroître son profit en baissant le prix moyen du stock restant à ce moment-là ? C'est là le vrai point d'interrogation. Voilà que, pour nous, la logique diffusée par la théorie économique, ici, dans cette parabole des plantations des bananes, ne se vérifiait pas : « Comme les bananes sont périssables, leur prix doit baisser »[74].

Plus incompréhensible était l'argument de la vendeuse sur son refus de baisser le prix : « *Pour avoir ces fruits, j'ai souffert ; alors, je ne peux pas les brader.* » Une logique très particulièrement individualiste, à contre-courant du simple bon sens, qui pourtant assurait la survie de la vendeuse.

Cet analyste de l'économie eut tout le mal du monde à s'en remettre. Il était choqué. Ô que le monde entre ces vendeurs du marché et les spécialistes de l'analyse économique présentait une cassure énorme. Nous en concluions tous les deux, que c'était peut-être là aussi un autre repère du sous-développement.

De notre sous-développement mental ! Lequel nous fait courir derrière des théories et leurs arsenaux d'analyse pourtant incongrus pour nos situations sociales, morales, religieuses et techniques.

L'Afrique noire est toujours mal partie. C'est à se demander ce qui n'allait pas. Pourquoi autant de diplômés et autant de ressources ont contribué à balkaniser ce continent dans la mendicité, la pauvreté, l'insalubrité, l'ignorance, etc. Aucune politique de développement n'a pu promouvoir le développement. Les budgets financiers annuels ont beau se succéder, rien à faire : impossible de se défaire de la tendance à la dérive.

Mal partie ou jamais partie ? N'est-ce pas une interrogation qui en vaut la peine ? On peut la tourner autrement : c'est quoi mal partir ? À l'image d'un sportif de course de vitesse. Mal partir laisse supposer que le sportif a mal réagi au starting-block. Mais, cette image n'est peut-être pas la mieux adaptée à cette interrogation. Observons plutôt du côté du rallye au Sahara et on s'aperçoit que des compétiteurs peuvent s'égarer de la piste qui mène droit vers l'objectif. Ils vont se perdre et perdent du même coup la compétition. Ceci est bien plus proche de notre préoccupation. Comme la course a démarré, ceux qui savent s'orienter dans cet immense désert atteindront le but en moins de temps. Ceux qui connaissent des problèmes dans l'orientation ne pourront jamais s'en sortir. Mais, la course a été lancée. Quand cette course du développement avait-elle été lancée ? Les règles en étaient-elles claires ? Quels en étaient les compétiteurs ? Et, l'objectif ou le point d'arrivée ?

Avec les individus comme protagonistes, les choses sont plus claires, simples. Mais, lorsqu'il s'agit de toute une société, la complexité du problème rend périlleuse toute tentative de réponse. Il faut pourtant s'y jeter. Soulignons le fait que dans le cas d'espèce, il n'y a qu'un seul protagoniste, qui rentre en auto-compétition. Comme le coureur de fond le soir venu ou aux premières heures du matin. Il doit savoir juger de ses capacités à vouloir et à pouvoir affronter les difficultés du terrain de sa course. Il doit faire des choix pour arriver à son but. L'Afrique noire a-t-elle fait les meilleurs choix - sous l'autorité de l'efficience chez l'économiste - pour quel objectif ? Sans toutefois oublier que dans le cas d'espèce, l'objectif a été imposé par le système colonial ; ce qui a pu influencer la détermination des choix.

C'est à ce niveau du déterminisme colonial sur la société locale autochtone que se place la deuxième tranche de la question : n'est-elle jamais partie ? À bout de force, et de nerfs, nombreux sont ces diplômés africains qui en viennent à remettre en cause le fait du départ lui-même. Des diplômés ayant roulé leur bosse partout, souvent à la tête des administrations de leur pays, et qui, à la retraite, sombrent dans une méditation proche de l'absurde. C'est très passionnant de voir ça. L'absurdité réside pourtant dans le fait simple de reconnaître le rôle de l'intelligence dans l'évolution sociale et économique. Que le premier critère de toute évolution d'une société, c'est la capacité de prise de décision pour assurer la survie ! Comme il ne viendrait à l'idée de personne de nier une telle potentialité dans une société donnée, alors on ne peut se prévaloir de douter, nier, le fait d'un départ pour le continent noir. Ainsi, il ne reste plus que la problématique du choix et de la stratégie. Comme Keynes dira de la pauvreté en Europe dans ces années trente du

XXe siècle, que ces causes ne sont pas à rechercher loin de nos compétences intrinsèques : « En fait, la situation difficile dans laquelle nous sommes, est notoirement d'un autre type. Elle provient d'une défaillance dans les mécanismes intellectuels, dans le jeu des motifs et des intentions d'où découlent les décisions et les actes nécessaires pour mettre en œuvre les moyens techniques dont nous disposons déjà. » Et, poursuivant sa rhétorique, il définissait la nature du problème : « tout au contraire, il s'agit, au sens strict, d'un problème économique ou, pour le dire mieux, parce que cela suggère un lien entre la théorie économique et l'art de l'homme d'État, un problème d'économie politique ».[75]

Les problèmes économiques qui ont pris le dessus dans les différents problèmes africains, ont aussi pris le dessus sur nos capacités de raisonnement et nos facultés de discernement.

Des décennies durant, nos intelligences bridées par l'occidentalisation ne permettaient plus de voir le paradoxe dans la situation présente. La pauvreté dans l'opulence, d'un continent qui détient tout pour y vivre heureux.[76] Comme nous le montrent divers reportages élaborés le plus souvent à des fins touristiques. Mais, ils montrent parfois des peuples qui ont la maîtrise de leur mode de vie. Même en pleine zone désertique, dans des zones qu'on qualifierait d'hostiles, en tous points, mais, où la vie a choisi de s'installer, sans complexe aucun.

Dans toute organisation sociale, se dégage utilement et nécessairement une superstructure, qui a vocation de conduire. Même le contact avec l'au-delà s'est toujours accompli sur ce principe-là. Ainsi du Prophète, du Chaman, du Dalaï-Lama. C'est dans la confiance que met le reste du groupe dans la superstructure, que la cohésion et le progrès sont assurés. Le progrès et l'involution, et la discorde. Cette superstructure qui donne la direction à suivre au reste du groupe, c'est cela l'État. C'est en lui et par lui que la société tiendra tous les paris de la survie. Par conséquent, considérons que le départ donné — dans le cas d'espèce, le système colonial avait donné le départ -, à l'État incombait – incombe – la mission d'ajuster la direction selon les différents objectifs de la société. Voilà comment.

Voilà la nature du problème. De cette manière exposée, nous comprenons du même coup la nature du remède. Nul besoin d'artifice pour y remédier. Nul besoin d'attenter à la pudeur. Il n'y a aucune pudeur à révéler ce que l'analyse par observation projette devant notre intelligence. Comme aucun tabou n'existe dans la misère, il ne devrait pas y avoir de tabou dans l'initiative de récuser l'organisation sociale actuelle comme négativiste. Parce qu'elle est fondée sur des postulats assis sur le néant. Sur des images bien floues qu'elles ne laissent aucune chance de déchiffrement. Même si l'on comprend que cette posture soit difficile à assumer. Comme cela est si bien exprimé par ce constat : « L'arsenal que détiennent les contempteurs de l'Amour, les corrupteurs de l'intelligence, ceux qui maçonnent les nouvelles barbaries, est inépuisable. Que peuvent, face à eux, les disciples d'un "humanisme régénéré" ? Peu. ... Mais, c'est déjà beaucoup. »[77]

Nous avons donc conscience que l'action des objecteurs de conscience, fanatiques de l'aisance matérielle, les débauchés, est si prégnante, pugnace, que nous aboutissons à une autocensure. Mais, fut-il interdit à un jeune prince de sortir du cadre bien douillet de sa vie pour s'ouvrir les yeux devant la réalité de la vie de ses sujets ? Ou aurait-on dû se contenter de la vie de débauché qui nous interdisait de ressentir des remords, restant fidèle au choix que l'on croit avoir fait ? Bien fait ? Toujours hanté par le dilemme de l'ex-colonisé.

Le problème des élites africaines réside dans leur inconstance, leur inconsistance, leur frénésie pour l'illusion et pour l'exagération, la volatilité de leur personnalité, leur goût morbide de la vengeance. En ce sens que la nature réelle du problème réside dans la nature de l'élite. En soi, l'Afrique n'a pas de problème ; pas surtout économique comme le discours l'assène. Il n'y a pas de pauvreté. Il y a une pauvreté due à la politique. Elle est due à la pauvreté politique, elle-même due à la boulimie du paraître.

Les nouvelles formes des enjeux économiques

De l'impressionnisme, mieux l'illusionnisme, est sortie cette nouvelle forme d'analyse sociale et économique. Elle se veut dynamique et positive. Mais, elle se veut contrariante à l'égard de l'analyse classique qui a fait son temps. Le temps du discours manipulateur, formateur, ayant annoncé une sorte d'exégète sur la condition humaine. L'action humaine. Cette analyse affiche clairement ses intentions pour une sorte de refondation, de redirection, en tous les cas, d'une rébellion, d'une fronde contre l'établi. Elle se fonde dans un dépassement de la loi de progrès général, appelée croissance ou développement, dont le postulat créateur est le capital qui croise le travail. Les deux érigés en facteurs, peuvent se surpasser pour créer un dynamisme de progrès. Les choses étant aussi limpides, on est pourtant confronté au dilemme de la clarté : alors pourquoi le sous-développement ? À quel niveau l'analyse économique a-t-elle montré ses limites ?

La réponse est, au bout d'un long cheminement, tombée. Ces facteurs, pour être des éléments du progrès, doivent être plus qualitatifs que quantitatifs. Voilà que de ce constat, émergent des formes d'organisation sociales essentiellement connues sous le dénominatif *d'organisation non gouvernementale*. Ce sont, en réalité, des appendices du système existant, qui affichent cependant la prétention d'une plus grande efficacité dans l'application des stratégies de création des pôles de résonance des politiques macroéconomiques. À ce titre, il n'est pas trop risqué de prédire leur fin, une fin dans le dénuement total, sans parvenir aux objectifs affichés. Cela n'est pas surprenant. Ce processus ne figure dans aucune forme de l'histoire du développement économique du monde.

L'Organisation des Nations Unies (ONU) et ses affidées, le Fonds pour l'Alimentation et l'Agriculture (FAO), Le Programme Alimentaire Mondial (PAM), Le Programme des Nations Unies pour le Développement (PNUD),[78] ont montré leurs limites dans ces prétentions sur la lutte pour le progrès général ; les ONG n'y ont pas plus de chance : leurs prétentions ne sont pas assises sur une innovation consistance ; peut-être celle cachée, car, essentiellement, leur structuration est sur le modèle de la bureaucratie ; cette bureaucratie qui s'est spécialisée dans le captage des fonds financiers. Cette spécialisation est si bien menée, qu'elles ne laissent pas transparaître leur nature réelle de pôles de détournements des impôts nationaux. Voilà leur nature intrinsèque qui les met à l'abri de toute interrogation sur leur utilité sociale. Et, avec une telle mamelle des impôts nationaux, à quoi servirait-il de s'évaluer ? Au contraire, fort de leurs convictions que leur existence est d'une nécessité absolue, elles n'ont de cesse de haranguer sur leurs capacités à générer des idées, à susciter l'espoir, à soulager l'état moral de la planète.[79]

C'est une fuite stratégique pour le capital comme pour le politique. Mais seulement une fuite, et comme toute fuite, elle a une fin. La sienne est déjà là. Parce que, aucune intelligence n'a pensé remettre d'aplomb le problème de la pauvreté dans cette partie du monde, même en scrutant l'horizon des migrations humaines : voir que l'émigration touche souvent des pays qui ont des situations socioéconomiques fort semblables, devrait être une occasion opportune de reformulation des problématiques de recherche. Mais, là encore, le complexe du colonisé jouant, nous donnons la primeur à l'émigration du bas vers le haut, du sud vers le nord, des zones de pauvreté vers les zones d'aisance sociale.

En Afrique noire, les migrations sont aussi de grande ampleur. Pour de diverses raisons, il arrive que la croyance que chez le voisin, c'est mieux, est un des premiers mythes forts de l'émigration. Il s'agit bien de chez le voisin, parfois très voisin, parfois très éloigné. Il y a un épicentre qu'il faut chercher à saisir : pourquoi et comment ce mythe est si tenace dans un environnement où la demande en biens de satisfaction des besoins reste très forte, et les premières conditions de production aussi favorables ?

L'on pourrait évoquer le calcul économique comme justificatif des comportements *illogiques* que peuvent adopter les migrants. En effet, c'est sur le long terme que tout semble bâti. Être personnel domestique ailleurs, même chez le voisin le plus proche, semble plus prometteur pour sa vie - son train de vie - que de se lancer dans l'activité agricole dont les débouchés sont pourtant assurés dans son environnement immédiat. Mais, voilà que le travail dans l'agriculture excelle par ses exigences en volonté, en abnégation ; un travail pour lequel la pénibilité est bien au-dessus de l'espoir d'un gain financier appréciable ; ce qui n'est pas le cas pour le travail domestique. Bref !

C'est toujours l'idée d'une fuite en avant. On aurait pu penser que le problème pour l'ex-colonisé dépasse les limites d'un constat, celui qui autorise à brosser un portrait, à la manière d'un peintre. Après tant d'années de l'affranchissement colonial, n'est-il pas temps de prospecter dans la personnalité de l'ex-colonisé pour des prétentions moins exigeantes, mais plus performantes ? Parce qu'il arrive que la violence symbolique puisse formater jusqu'aux gènes. N'est-ce pas là quelques conclusions à faire sourire, mais qu'avec un peu de recul, la scrutation de l'horizon des comportements, souvent si tenaces, de l'ex-colonisé, pourrait bien être la meilleure explication ?

Situation de tant de lassitude.

Mais alors !

X. Épilogue

Nous voici débarquant de cet autoportrait. Comme la sagesse a u r a i t p u le suggérer : Se faire violence, c'est bien ; mais n'oublie pas la responsabilité de l'autre. Il arrivait que cette sagesse s'exprime par la voix d'un homme devenu président de la République, mais dont la présidence s'était achevée dans la douleur : Sankara Thomas avait dit : « Il faut que l'école et l'enseignement nouveaux concourent à la naissance de patriotes et non d'apatrides. » Il n'y avait pas meilleure preuve que le colonialisme avait suffisamment piégé le colonisé.

Mais, alors, au bout de tous ces développements, sous on ne sait quel degré de regret, que dire de la colonisation, le porte-drapeau de cette littérature, et du colonialisme, le porte-flambeau des prétendus malheurs ?

Sans arrière-plan, en quoi la colonisation ressemble à un virus dans la société qu'elle asservit ?

Tout d'abord, pourquoi la colonisation et le colonialisme ne seraient pas descriptifs d'une même et unique réalité ?

D'après le constat, la colonisation est une action. Comme telle, elle peut être interne à un environnement donné, lorsque la saturation d'une partie occupée atteint un degré maximal. Les peuples colonisent sans cesse des espaces nouveaux sous le poids démographique, sous la contrainte de la disponibilité des opportunités de satisfaction des besoins.

Le colonialisme part d'un comportement particulier qui guide l'action de colonisation. Il est motivé par la croyance que sa culture et ses valeurs sont les seules devant orienter le vivre dans l'espace colonisé. Ainsi, le colonialisme a pour support la colonisation, mais celle-ci ne suppose pas nécessairement celui-là.

Comment le colonisé voit et vit la colonisation ? C'est une expropriation suivie d'un asservissement. La colonisation, dans un premier temps, n'aspirait qu'à l'exaltation des possibilités d'enrichissement. La colonie, c'est donc le rêve poursuivi et accompli de ce que, longtemps, on a désiré, enfoui en soi, avec une violence plus ou moins contenue, qui explose à la faveur de ces découvertes. Découvertes mortifères pour les premiers occupants, les autochtones, proclamés « indigènes » pour la cause, et qui, assaillis par la violence du colon, reculent, cédant ainsi du terrain, leur terrain, ne serait-ce que pour assurer leurs arrières, leur survie. Sur le principe intrinsèque de qui découvre possède, voilà comment est bâti le droit d'expropriation quasi naturel dans ces temps-là, les premiers occupants faisant partie de la découverte, des choses découvertes. C'est donc de fait qu'ils seront réduits à l'inexistant.

Aidé par les fléaux de toutes sortes qui l'accompagnent, le colon, comme par sadisme, va alors soumettre tout ce bétail, cette faune, cette société humaine, toutes ces forêts et rivières, tout ce qu'il approche. Les fléaux, la variole, la peste, la dysenterie, la promiscuité, se mettent à persécuter les premiers occupants, qui, devant la désolation, la mort, se jettent dans les bras de l'occupant, du colon, en désespoir de cause.

La fourberie se nourrissant de l'ignorance des uns et aussi des autres, le colon se transforme même en humanitaire, inconscient de sa faculté de désagrégation par sa voracité ; ou alors, conscient de celle-ci, il va s'en étonner puis se préoccuper de ces victimes. La régression de la population est entamée ; le dépeuplement se constate. Il y a danger en la demeure, parce que l'enrichissement a besoin d'une main d'œuvre, et peut-être bien aussi, d'un débouché.

Le commerce des babioles trouve son débouché dans cette population indigène. Son importance dans la colonisation, mais surtout le colonialisme, est de premier ordre. C'est la possibilité la plus fondatrice, car peu coûteuse.

De la métropole à la colonie, le déplacement a un coût. Le transport intègre de lourdes charges. La création d'un marché local est donc une première opportunité pour amortir le déplacement.

Dans cet environnement nouveau, l'échange se déroule d'abord par le troc. Puis la diversification des activités s'opérant, la spécialisation des acteurs économiques favorise l'introduction de la monnaie ; elle s'impose comme réfèrent de la valeur. C'est, pour ainsi dire, grâce aux marchands que la lutte contre la régression de la population s'impose.

Ainsi qu'émergeait l'idée de la transformation sociale, par la transmission de la civilisation. L'essentiel était l'élargissement du marché de la métropole tout en favorisant la création d'un pôle de ravitaillement en produits divers à la demande de la métropole. La civilisation devait ainsi promouvoir la synchronisation des comportements des indigènes avec ceux du colon. Elle exigea que l'autonomie de ces colonisés se mette au service des besoins de la colonisation. Voilà comment, par la conscience des réelles possibilités d'enrichissement illimitées, la conscience du colonisé sera asservie pour la bonne cause. Et, en plus, on le lui fera payer.

C'est là que nait le colonialisme ; toute une construction intellectuelle qui ne rougit pas du sadisme, exalte un faux humanisme, exulte du futur radieux qui s'annonce pour elle, la colonisation. Et aucun sentiment de désolation pour la déstructuration culturelle causée au détriment du colonisé. Il est plongé ainsi dans une schizophrénie douce : celle qui revendique la transformation, l'acculturation, s'exhibe sans retenu, s'approprie tant bien que mal le monde de l'autre ; la domination est intériorisée.

« J'ai mal à mon pays », s'exprimait une très haute personnalité de l'État — le président de la République en personne – décriant ainsi l'incapacité de l'élite à penser le progrès et la quiétude sociale. Lui fut-il donné de penser au mal que lui provoquait l'état de pauvreté dans ce pays — son pays – qui était en réalité un mal qui lui venait de l'état de délabrement culturel de sa société ?

Ce délabrement est la grande victoire de la colonisation sur les premiers occupants. Le colonialisme est un venin d'une puissance de désagrégation sans pareil. D'autant plus qu'il tue en gardant en vie ses victimes. Il désagrège les tissus, et laisse la société en lambeau, dans un état suffisamment avancé que toute possibilité de reconstitution parait nulle.

Un semblant de constat qui suggère la possibilité d'un espace de résurrection dessiné par le sursaut intellectuel africain : Cela au bénéfice de l'espoir.

Il y a d'abord le travail à accomplir par l'historien pour redonner vie à une civilisation abattue. Puis dans le sillage, la tentative de l'économiste d'interroger cette civilisation que l'on découvre sous l'audace de l'universitaire Bakabadio L. Il avait osé jeter dans cet océan des diatribes spectaculaires une interrogation sur la tradition africaine, dans ce qui était du peu que la condescendance pouvait lui reconnaître encore.

Selon lui, l'espace d'une reconstruction scientifique - peut-être simplement une construction - n'était plus à conquérir parce qu'il n'avait jamais disparu ; il suffisait d'y repenser pour une analyse apte à conduire vers une formulation de la pensée autour des questions de l'existence, de la production des moyens de satisfaction des besoins : « La tradition africaine offre-t-elle un espace de (re)construction scientifique ? A partir de l'analyse des contenus des proverbes, maximes et aphorismes de la tradition Kongō, l'auteur reconstitue les principes de l'économie politique, tout en montrant l'implication de l'éthique dans les conceptions économiques des populations kôngo. Ce nouvel éclairage a l'avantage de projeter ce passé dans le présent, mais surtout dans l'avenir, pour une autre lecture des politiques en matière de conception du développement économique et social. »

Toute une révolution culturelle, avec la volonté de sortir de la nullité dans laquelle le colonialisme a enfermé le colonisé. De tout espoir !

Ainsi l'ex-colonisé, comme le bébé et sa mère, n'a dans son cœur, bien plus sa mémoire, que son lien ombilical avec l'ex-colonisateur. Le bonheur est aux antipodes de l'extase lorsque, au hasard d'une promenade, deux ex-colonisés se rencontrent dans les frontières nationales de l'ex-colonisateur : Fantastique, s'écriaient-ils.

DAVESNE André Prosper et GOUIN Joseph, Contes de la brousse et de la forêt, Strasbourg et Paris, Librairie ISTRA, 1932, 182 pages

2- MEMMI, Albert, (1985), Portrait du colonisé Portrait du colonisateur, Préface de Jean-Paul Sartre, Paris, Gallimard, Première édition 1957.

3- Comme YAMBO OUOLOGUEM dans son ouvrage, Devoir de violence, publié en 1968 à Paris aux Editions Le Seuil.

4- Il s'appelait MPUNZA Marcel. Devenu géographe, après sa formation universitaire dans l'ancienne métropole, l'obligé de converti eut affronté l'actualité de cet épisode de 1966. Comme un secret, il me la délivra en 1991, ne se sentant plus à même d'en supporter le poids. C'est par le même ressenti que nous en faisons introduction de ce travail d'autoévaluation par lequel nous lui témoignons de notre reconnaissance

5- Période de l'Afrique Equatoriale Française (A.E.F.) composée des territoires suivants : Tchad, Moyen-Congo (actuelle République du Congo), Gabon et Oubangui-Chari (actuelle République Centrafricaine).

6- MACKIZA Bernard est une personnalité de premier plan du journalisme au Congo. Il a occupé le poste de rédacteur en chef du journal La Semaine Africaine, crée en 1952 par l'Eglise catholique et qui est encore présent sur le marché de l'information.

7- PNUE, Le forum Mondial sur l'environnement et le développement, Mazingari, N°3/4, 1977, Oxford : Pergamon Press, p. 41.

8- De la bouche des hommes politiques européens et nord-américains, cette expression est en permanence pendante à leurs lèvres. Quelle est sa résonance économique ? Dans le cadre du libéralisme économique tant vanté, où peut-on la caser ? Est-ce un aspect particulier de la fiscalité, la seule vraie compétence de l'Etat-gouvernement dans le monde du libéralisme économique ? Par quel tour de magie de la théorie économique ces intérêts sont presque exclusivement à l'extérieur des frontières nationales ?

9- EMMANUEL, Arghiri, (1969), L'échange inégal, Paris Maspero.

10- Le pays porta le nom de Haute Volta par la volonté amusée du colon européen. Il deviendra en 1984, Burkina Faso par une prise de conscience du fait d'appartenir à une culture par une jeunesse militaire qui s'était emparé du pouvoir d'Etat.

11- Pour peu qu'on s'intéresse à cet aspect, voir TONDA, Joseph, (2021), Afrodystopie. La vie dans le rêve d'autrui, Paris, Karthala, 2021.

12- La célébrité de ce penseur au 20e siècle avait été amplifiée par les sommets de responsables politiques, les clubs des organisations internationales, les colloques des scientifiques, etc. Il avait favorisé, malgré lui, une atmosphère paranoïaque autour de la problématique de l'explosion démographique. C'était plutôt amusant de voir que tout ce gratin social n'avait pas foi dans le progrès technique et scientifique qui allait démentir l'impuissance de la production à satisfaire les besoins alimentaires tout au moins. En effet, de nos jours, il n'existe plus de terre impropre à l'exploitation agricole ; il n'y a que la problématique de la recherche technique et scientifique et la vulgarisation des découvertes.

13- Qu'en serait-il du système productif en RDC avec son territoire vaste, sa population clairsemée, ses vastes étendues de terre agricoles inexploitées, contrastant avec son besoin d'aide alimentaire extérieure ; ce qui incite à l'émigration une bonne partie de cette population ?

14- Averti par l'existence d'une demande en biens d'art dans la société, l'intérêt de l'artiste serait de reproduire à plusieurs exemplaires une œuvre qui parait soulever les émotions de la foule, comme la très célèbre Joconde au musée du Louvre à Paris ; ce qui dévalorisait du même coup l'œuvre.

15- Un orateur de grand talent à entraîner l'auditoire dans ses convictions. Dans la salle de vente aux enchères, les œuvres d'art ont une place de choix dans l'esprit du commissaire-priseur. Mais, le sourire le plus narquois se lit sur le visage d'un détenteur d'œuvre d'art acquise quelques années auparavant à une certaine valeur ; cette œuvre d'art remise en vente avec un prix d'ouverture des enchères (prix de réserve) annoncé à quatre fois le prix d'acquisition. Il est heureux d'être sûr de réaliser une plus-value confortable ; il est encore plus heureux quand son œuvre d'art est adjugée à dix fois son prix. Alors, il se permit de dire : « C'est quoi une œuvre d'art ; c'est de l'émotion ; mais l'émotion est éphémère, elle est passagère.... On y met de l'argent pour rien, pour du vent ».

16- Les individus ont ce qu'ils ont jugé utile d'avoir ; au-delà de l'individu, c'est la collectivité, c'est-à-dire la nation, et ainsi de suite, de la nation à la colonisation, et de la colonisation à la mondialisation.

17- KEYNES, John Maynard, La pauvreté dans l'abondance, Paris, Gallimard, 2002

18- ARISTOTE, Éthique à Nicomaque, Le Livre de Poche, 1992.

19- Pendant longtemps, l'analyse économique avait ignoré de regarder la réalité en face : la production était aussi occasion de rejets, lesquels pouvaient à la longue porter atteinte à la survie globale de l'environnement de la même production ; cela pouvait entraîner un coût : la bonne santé des travailleurs pour garantir une productivité soutenue.

20- RICARDO, David, Principes de l'économie politique et de l'impôt, Paris, Calmann-Lévy, 1970.

21- 1970 : la bataille était rude autour du thème de l'exploitation/pillage du tiers-monde. La réponse du courant économique néoclassique était presque invariante et imparable : il n'y a pas de spécialisation internationale. Le tiers-monde n'avait que des matières premières à offrir, et c'était là son tort ; les pays occidentaux, eux, avaient la technologie/technique à donner en échange. Se référant à l'industrie, le travail spécialisé est hautement qualifié, donc mieux côté sur le marché ; le travail simple (les cas du travail des enfants mineurs dans les mines dans l'est de la RD Congo) n'est aussi rémunéré qu'à sa valeur. Il n'y a pas de question d'éthique là-dessus, car il n'y a pas mieux que le marché pour arbitrer dans ce genre de transaction en apparence conflictuel.

22- Il a fallu attendre l'ère de l'internet pour que cette réalité plutôt évidente s'impose d'elle-même.

23- Par monnaie, on entend le sentiment du bon rapport établi entre les deux parties de l'échange. La recherche de la stabilisation de ce sentiment pousse la société à opter pour un choix de support. L'évolution sociale trouvera dans l'émergence du pouvoir, l'espoir d'une occasion de fixer ce support et de le faire accepter comme convention. C'est la naissance de la monnaie matérielle.

24- Nous utilisons ce terme en lieu et place de *doctrinale*.

25- Say, Jean-Baptiste, (1972), Traité d'économie politique, Paris, Calmann-Lévy.

26- Pour des raisons propres aux successeurs, cette idée ne semblait suffisamment étayée pour marquer les esprits. D'où à la grande surprise, après 1860 surtout, ce grand esprit ne sera pas associé comme ayant contribué à l'émergence du marginalisme ; émergence attribuée bien plus à son compatriote Jevons et aussi, subsidiairement, au francophone Walras.

27- Dans ce cas la marge est donnée par la baisse de la demande de la production et la décision par l'entrepreneur de mettre fin à cette production. Encore qu'une partie non négligeable de la production automobile fonctionne sur l'effet inverse : la décision de la production est conditionnée par l'entretien de l'illusion du bien-être au niveau du consommateur ; ce qui dictera la fixation du nombre d'unités à produire bien avant le lancement de la production.

28- Cette forte personnalité était médecin. Il est du XVIIIe s., décédé (1774) un peu avant que le philosophe anglais Smith A. publie le livre fondateur de la pensée économique. Il a marqué les esprits en ayant représenté le circuit économique, inspiré par le circuit du sang dans le corps humain. Son implication dans la sphère de la pensée économique montre à quel point la question de la maximisation de la production de la richesse nationale était une préoccupation majeure.

29- On retient que l'expression mathématique économique systématisée est apparue avec Cournot Antoine, au XIXe s. Il a fait le lit des marginalistes comme Walras et la suite.

30- Il est surprenant de voir comment les étudiants africains de l'Afrique centrale, par exemple, étaient éblouis par cette méthodologie, cela en dépit des progrès de l'ethnologie et l'anthropologie. Pouvait-on s'imaginer comme modèle d'économie fermée le mode de vie des peuples pygmées ?

31- ASSIDON, Elsa, (Mardi 13 mars 2007), « L'idée de marché dans la pensée économique », Article en ligne sur : http://aitec.reseau- ipam.org/spip.php ? article294

32- « Si l'approche socio-anthropologique des marchés, dans les pays en développement, est aujourd'hui davantage retenue et a eu tendance à se substituer à l'approche historique, l'archéologie des marchés concrets, y compris ceux de l'extraversion, reste un vaste chantier de recherches potentielles. Dans un travail de recherche précédent, j'ai, pour ma part, essayé de mettre en évidence sur les marchés de la zone franc, des processus de monétarisation particuliers et j'ai proposé la dénomination de « marchés captifs » pour les désigner. On pourra revenir sur ce point au cours du débat. » Ibid.

33- Par la presse, on est informé sur le comportement des différents marchés ; par exemple, au-delà des marchés traditionnels des minerais et des produits agricoles, il y a le marché des musiques de l'Océan Indien, le marché des supports de sport, le marché de l'aviation, etc. Tous ces marchés n'ont souvent pas grand-chose en commun : les marchés dits traditionnels des matières premières minérales et végétales, sont sous la fameuse loi de l'offre et de la demande, qui aboutit à une cotation au même titre que les marchés des monnaies. Les autres marchés sont plus sous l'impulsion de la demande qui ainsi crée l'offre.

34- La question de savoir s'il y a ou non des lois en économie, en tant que pratique sociale, ne peut paraître sans intérêt. En matière d'exploration scientifique, la loi n'est qu'une découverte d'une partie de la nature. Ainsi, on ne saurait utiliser le mot ''légiférer'' pour la transcription d'une loi édictée par la nature. Il n'en est pas de même en matière sociale où la loi est l'expression de la recherche de la cohésion, par une construction/déconstruction et ainsi de suite, dans la suite logique de l'évolution sociale.

35- Ce qui a été bien décrit par Charlie Chaplin dans « Les temps modernes », 1936. Peut-être, critique du taylorisme triomphant, il n'en demeure pas moins qu'il donne aussi l'image que dans la société moderne, chaque individu occupe une place dont il doit assumer la charge pour l'harmonie collective. Une place qui ne peut rester inoccupée un moment, au risque de provoquer un dérèglement du système. D'où la crise économique, puis sociale.

36- Il est un fait économique visible dans la presque totalité des pays de l'Afrique noire, que leurs économistes traitent avec dédain : la création des marchés par opportunisme. Observant les mouvements de foule, des personnes, souvent des femmes, lisent à travers, et y décèlent la demande potentialisée. Avec une promptitude époustouflante, l'offre s'installe et le marché prend forme. Démographiquement, le phénomène n'est pas marginal. C'est même très spectaculaire, de voir comment l'offre suit la demande ; ce qui est devenu dans ces économies l'une des premières sources de revenus des ménages.

37- Depuis cette période antique jusqu'à l'Amérique triomphante, l'habitat est l'expression par excellence du pouvoir de l'État et de l'individu, etc. Il est expression des techniques et des coûts financiers. Et le monde entier est en extase devant les monuments de construction : l'Égypte en a fait l'une de ses sources financières sûres ; mais il y a aussi la Grèce, la Rome, les bâtisses des Mayas, Aztèques en Amérique latine. Puis plus tard, les châteaux en Europe. Il est un nom qui connut plus d'ennuis que de bonheur poursuivi pourtant en s'étant projeté vivre dans un château : Fouquet, surintendant des finances du roi au XVIIe siècle. Son château achevé, il crut bon d'inviter le roi pour l'inaugurer lui-même. Ce que le roi accepta. Il y passa même une nuit après le grand banquet. Mais aussitôt le roi parti, Fouquet était arrêté et jeté en prison jusqu'à la fin de ses jours. Il ne put jouir de son bien. La raison est qu'on le soupçonna d'avoir puisé dans la caisse du roi ; mais en réalité, par cette réalisation, il parut menacer la suprématie du roi.

38- Sur l'involution des économies nationales dominées, les qualificatifs sont légion, se succédant ou se détrônant au gré de l'objectif poursuivi par la fameuse recherche économique et sociale. C'est en réalité une forme de guerre à laquelle les intellectuels des économies dominées sont soumis et l'épreuve est titanesque pour leur niveau d'asservissement. Souvent cette guerre avait pour acteurs principaux des gens brandissant leur bonne foi, pleine de compassion envers les dominés. L'exhibition la plus dramatique dans cette guerre, c'est le moment où, à l'aide d'un bâton quasi magique, le qualificatif se transforme en un conseil, une accusation de l'incompétence des intellectuels dominés quant à leur capacité à digérer les théories pour en régurgiter des stratégies de développement. Le sous-développement devenait tout bonnement une question de choix de programme et particulièrement d'un programme devant favoriser l'ajustement de/dans la structure économique. Mais, désormais, au bout de tant d'efforts de synthèse, la problématique de l'involution trouvait sa bonne cause : la gouvernance.

39- Les capacités de l'intelligence sont énormes : quand le cinéma poursuit de découvrir les possibilités d'un retour dans le passé, la quiétude tant espérée n'est pas toujours là. A la limite, on assiste à une perturbation psychologique qui est plutôt une occasion de vivre un drame.

40- L'acceptation du raisonnement à la statique ou en économie fermée est l'un plus grands pièges qui a enfermé les capacités de raisonnement des économistes des zones dominées. La question de la valeur nominale est un de ces aspects de l'analyse économique qui est pernicieux. À son avantage, l'arc du nivellement des catégories socioprofessionnelles.

41- Vente aux enchères, en 2021, de la guitare du musicien Anglais, guitare utilisée en 1970. Achetée moins de deux mille livres sterling par le musicien, adjugée à six cent vingt-cinq mille dollars. Les exemples jalonnent l'histoire de la vente aux enchères où même le bénéficiaire de cette allégorie marchande, se demande parfois si la société n'est pas sens dessus dessous. La mise aux enchères d'un manuscrit du célèbre savant Albert Einstein est annoncée pour atteindre une somme astronomique selon le monde de la finance : il est estimé entre deux et trois millions d'euros en valeur d'annonce.

42- Qu'est-ce qui peut expliquer la variation de la demande, quand on sait que les entreprises sont des structures ayant une rigidité certaine, aux capacités de production connues et donc à la demande maitrisée ? Explication : les entreprises ne fonctionnent que rarement à la totalité de leur capacité. Les tensions sur les biens de consommation sont permanentes, d'où les déséquilibres sont permanents. Mais tout cela, c'est en prévision. Et comment comprendre que d'une semaine à l'autre ces variations puissent se produire ? Quelle est la capacité de régulation de la fonction des stocks dans l'entreprise ? La gestion des stocks est une fonction stratégique dans la vie d'une entreprise. Mais dans le cas d'espèce ici abordé, la réévaluation du prix était une décision politique des dirigeants Arabes.

43- DUMONT, René, (1962), *L'Afrique Noire est mal partie*, Paris, Éditions du Seuil, 287 pages.

- Cf. également : DUMONT, René, « Signification du non-développement »,

Le développement, Paris, CIHEAM, 1972, p. 15-17. (Options Méditerranéennes, n° 11). En ligne sur : http://om.ciheam.org/om/pdf/r11/CI010718.pdf

44- Comme l'écrira MEMMI, Albert, (1985), *Portrait du colonisé. Portrait du colonisateur,* Préface de Jean-Paul Sartre, Paris, Gallimard.

45- Les décisions de l'ONU sur les restrictions en matière de vente d'armes à certains États, sont une des conséquences de ce rôle de gendarme qui déborde le cadre du marché national.

46- BABASSANA, Hilaire, (1978), Travail forcé, expropriation et formation du salariat en Afrique noire, PUG, 255 pages.

47- Un travail de recherche passionnant entrepris par cet économiste universitaire, qui pouvait être une source d'inspiration et une force de proposition des problématiques de recherches pour les étudiants tout au moins.

48- C'est la lecture que l'on fait de la mise à l'écart de ce secteur par les investissements. Non pas qu'il ne soit pas digne du fait des prévisions de rentabilité pessimistes, mais livré à l'apparent abandon pour mieux lui faire jouer son rôle de modérateur du niveau des revenus salariaux dans les autres branches d'activité économique. C'est ainsi qu'apparaît l'idéologie du vivriérisme, qui empêche, jusqu'à nos jours, le passage de la culture vivrière à la culture industrielle.

49- C'est la « boutade » du mouvement des enclosures, c'est-à-dire ériger des enclos, preuve d'un droit de propriété qui, par ce fait, permit le processus d'accumulation du capital, qui avait ensuite permis une révolution dans la production des biens de consommation. Est-ce reproductible ailleurs dans l'espace et dans le temps ?

50- SILOU, Robert, (1981), L'aménagement de l'emploi urbain au Congo…, thèse de doctorat, sciences économiques Bordeaux 1.

51- Puisse-t-on avancer que les politiques natalistes proches de l'infanticide, en tous les cas, résolument orientées vers la concession que l'on pouvait faire aux familles pour un enfant unique, étaient au moins sous l'inspiration malthusienne. Il est toutefois curieux que de sa contemporanéité avec l'industrie prenant corps dans la société, il ne se soit pas aperçu des promesses de cette étape organisationnelle de la production quant à l'avenir. L'industrie ne permettait plus le pessimisme sur la disponibilité des biens.

52- La classe moyenne représente le maillon clé de la croissance économique. Plus nombreuse elle est démographiquement, plus durables seront les taux de croissance réelle, celle qui a effet direct sur le niveau de vie des ménages.

53- On se garde pour l'instant de ne pas céder à l'idéologie des chiffres. Actuellement, le PNB de la Chine a dépassé, dans l'absolu, celui des USA. Cela ne révèle pas la réalité de la différence qui tient les deux économies leader à bonne distance l'une, des USA, loin devant l'autre, de la Chine, si l'on s'en tient au niveau du revenu moyen par habitant. Mais celle-ci n'a pas à désespérer pour autant, car déjà sur le chemin de la croissance, les effets sur la population l'amèneront à une classe moyenne démographiquement supérieure à la population totale des USA ; c'est là que la Chine s'installera pour un siècle au moins, comme les USA, dans sa suprématie économique. Mais la Chine ne bénéficiera peut-être pas de la quiétude qui aura accompagné la domination américaine, car sur le même constat, l'Inde est en embuscade derrière elle.

54- On ne se pose pas assez la question de comprendre comment le libéralisme économique, prôné comme la potion magique de la croissance avec effets induits sur la population, ne parvient pas à prendre corps dans cette zone d'exploitation minière et humaine sans vergogne ? Ce qu'on qualifie d'échecs des politiques d'ajustement, ne sont-ils pas en réalité l'expression d'un calcul en amont sur l'assujettissement continu de ce continent ?

55- Ce dilemme va se retourner contre cette discipline. Certains auteurs polémistes n'allaient pas hésiter à remettre en cause son utilité sémantique. Elle sera qualifiée de « sans objet », lui déniant le caractère de discipline. Car, par son émergence, elle pose la question de la pertinence de la théorie de la croissance économique, issue de l'analyse économique, qui s'est établie comme scientifique, et donc en principe, capable de résoudre les problèmes socioéconomiques partout, sans influence géographique.

56- On fait l'impasse sur les activités frauduleuses et officiellement répréhensibles comme le vol, l'extorsion, le trafic des stupéfiants. En revanche, les jeux d'argent ont envahi l'espace public africain ; ces jeux dans lesquels les populations en milieu urbain fondent désormais leur espoir des lendemains meilleurs. Parallèlement, on assiste aussi à l'éclosion effrénée des pratiques religieuses par lesquelles on espère vaincre la misère.

57- Il faut croire que la violence symbolique sur l'intelligence et la personnalité du colonisé a été d'un impact considérable. En 1959, Sékou Touré, évolué guinéen — devenu président de la première république – dénonce cette monnaie CFA dans laquelle il vit un piège, une souricière du développement. Il ne fut pas écouté. Plusieurs années après, Eyadema Gnassimbé se permit de tirer l'attention sur cette monnaie et ses dérives. Il se fit sèchement rappeler à l'ordre par l'ex-colonisateur. D'autres tentatives de remise en cause, menées par d'autres présidents, coûtèrent à ceux-ci leur vie ou leur position politique.

58- OCDE : Organisation de Coopération et de Développement Économique. C'est pour le bien-être des populations des pays membres. On comprend pourquoi elle n'est pas intéressée au bien-être des populations des anciennes colonies ; à moins qu'elle considère que ces dernières ont leur part de bien-être par le biais de leur lien avec l'ancien colonisateur, exactement comme le franc CFA tire profit des économies européennes par le Franc Français.

59- Il est inopportun de faire de la contestation du franc CFA une priorité. Il faut dire que sans cette monnaie et son système, personne ne peut dire ce que seraient devenues ces économies nationales. C'est dire qu'elle a eu aussi ses mérites ; ce qui est confirmé par les avancées réelles de l'économie de la Côte d'Ivoire au niveau des infrastructures sans lesquelles le progrès est handicapé.

60- Lancé sur le modèle de la monnaie dans les iles, le franc CFA en réalité a été créé pour favoriser et encourager les commerçants colonisateurs dans leurs commerces qui ainsi permettent une mainmise plus poussée sur ces colonies, au moindre frais pour le pouvoir métropolitain. Voilà pourquoi, à ses débuts, la valeur du franc CFA est supérieure à la valeur du franc en métropole. Les changements de valeur ou parité par rapport au franc de la métropole interviendront toujours dans cet état d'esprit : il s'agit de ne pas pénaliser et décourager les commerçants français devenus entrepreneurs locaux.

61- C'est ici, sur cet aspect surtout, que se fonde la revendication de la souveraineté monétaire nationale chez bon nombre de spécialistes africains. En effet, les cours de monnaie, dans le passé récent, insistaient sur la maniabilité de la politique monétaire à des fins de régulation du commerce avec l'étranger, pour rééquilibrer en sa faveur la balance commerciale. Hypothèse d'école, qui n'a rien de déterminant ; l'économie américaine arrivait à être en bonne situation commerciale alors que sa monnaie a toujours eu la faveur de la bourse, et donc toujours cotée au plus haut. De même qu'il ne faut pas attribuer à la politique monétaire en Chine quelque pratique de dumping ni de manipulation monétaire pour avoir pris le dessus sur le reste du monde. Il faut chercher ailleurs, pour mieux comprendre ces économies asiatiques et pourquoi pas, prendre exemple. Mais en Afrique, le vestimentaire a pris une telle longueur d'avance que...

62- Le petit livre rouge, en format miniature, imposait le respect et l'ordre. Mao Tsé-Toung y était la divinité de la pensée politique. Le livre de Lénine était un complément très efficace pour bâtir une stratégie de lutte contre l'impérialisme. Bien que la pensée léniniste soit antérieure à la pensée maoïste, cette dernière apparaît comme l'apogée du léninisme. Les Africains avaient adoré et ne juraient plus que par ça.

63- La nomination au gouvernement donne droit à une bourse d'équipement vestimentaire de plus de 30 millions de francs CFA. Cette pratique, qui s'est institutionnalisée, instruit sur les véritables préoccupations des politiques mises en place : les apparences sont plus précieuses que l'objectif collectif affiché.

64- Un phénomène est apparu, sous l'étiquette de la sape, un acronyme. Exposé comme une trouvaille sociale de la jeunesse pour lutter contre la morosité de la vie quotidienne, c'est le dandy ; une attitude qui remonte au temps colonial, quand le colonisé s'approprie le mode vestimentaire colonial pour se réaliser socialement. Il est aussi surprenant que la médiatisation de ce phénomène n'ait pas entraîné des stratégies de développement par l'émergence d'une petite industrie dans le secteur de la sape.

65- Les agences du Trésor français dans ces pays africains se dénommant banques centrales ont entrepris le lancement des bourses : A Abidjan comme premier pôle d'expérimentation, puis ailleurs, à Yaoundé.

66- C'est de la gouvernance dans la Rome que l'Europe a hérité des pratiques stratégiques pour le contrôle social ; les jeux, puis la musique, pour favoriser la décompression psychologique, ce qui permet de détendre le climat social. Les acteurs sont ainsi anoblis par le pouvoir politique autant que par la société.

67- MORIN Edgar, RABHI Pierre et LAFAY Denis, (2021), Frères d'âme, L'aube Eds De, 172 pages.

68- Complexe du colonisé : l'histoire dite "des biens mal acquis" dont les acteurs principaux sont de l'élite politique africaine.
DZAKA-KIKOUTA Théophile et MILANDOU Michel, *Entrepreneurs et Entreprises en Afrique*, 1994.
69- La Sainte Bible : Ecclésiaste.
70- Anonyme, Le *brahmane et le pot de farine. Contes édifiants du Pañchatantra*, Traduction d'Édouard Lancereau, Paris, Gallimard, Folio. 1993 et 2013, 112 pages.
71- LA FONTAINE, Jean de, *La Cigale et la Fourmi*, Paris, 1668
72- CONGO, République du, Annuaire statistique du Congo 1974, Brazzaville, CNSEE. Les études économiques sur la consommation des ménages menées au Congo jusque vers 1974, ventilaient les ménages en deux groupes ethniques distincts, entre « Consommation européenne » et
« Consommation indigènes ». Les nationaux étaient censés consommer les aliments produits localement, et les Européens consommaient des biens importés d'Europe. Ces études ne s'étaient que peu préoccupées de la consommation indigène des biens importés, quand bien même les enquêteurs voyaient bien que la clientèle des magasins était essentiellement composée d'Africains.
73- Keynes J. Maynard, La pauvreté dans l'abondance, Paris, Gallimard 2002.
74- ...La pauvreté dans l'abondance.

75- Hommage doit être rendu au journaliste Foka Alain, qui a engagé son métier dans sa vraie voie : informer pour réveiller la conscience collective.

76- MORIN Edgar, RABHI Pierre et LAFAY Denis, (2021

77- Sur le continent africain, ces organisations trouvent une forte résonnance, à la limite du vedettariat ou du mannequinat. Les petits européens ignorent souvent jusqu'à leur existence simple. L'OMS ne devient célèbre qu'à l'occasion de pandémie mondiale, mais cela même ne reste que rarement gravé dans leur mémoire, contrairement à l'Afrique où elles sont recherchées pour l'offre salariale qu'elles présentent sans comparaison avec celle des pays.

78- La Chine a pu nourrir sa population si nombreuse sur ses propres conceptions que la grandeur d'une nation est aussi fonction de ses capacités à assurer son autonomie alimentaire. L'Inde, la deuxième plus forte population mondiale, ne serait jamais parvenu à résoudre le problème alimentaire s'il s'était laissé piéger par l'assistanat que lui proposait la FAO. Ces deux États sont parvenus à leur autonomie en suivant le chemin courant de la formation dans le domaine agricole. Une formation non pas bridée, comme celle que proposent les ONG, mais une formation dans le cursus de formation normale de l'éducation nationale.

Bibliographie

Il s'agit d'un ensemble de publications que nous indiquons à titre illustratif. Ce travail n'étant pas un travail de recherche pure, ces autres lectures sont un complément utile pour une plus grande édification.

ANONYME, (2013),
Le brahmane et le pot de farine. Contes édifiants du Pancatantra, Edouard Lancereau (Traduction), Paris, Gallimard, Folio, Première édition 1993, 112 pages.

ARISTOTE,
Éthique à Nicomaque, Le Livre de Poche, 1992. ASSIDON, Elsa, (mardi 13 mars 2007),
« L'idée de marché dans la pensée économique », Article en ligne sur : http://aitec.reseau-ipam.org/spip.php?article294

BABASSANA, Hilaire, (1978),
Travail forcé, expropriation et formation du salariat en Afrique noire. PUG, 255 pages.

CONGO, République du
Annuaire statistique du Congo 1974, Brazzaville, CNSEE DAVESNE André Prosper et GOUIN Joseph,
Contes de la brousse et de la forêt, Strasbourg et Paris, Librairie ISTRA, 1932, 182 pages. DUMONT, René, (1962),
L'Afrique Noire est mal partie, Paris, Éditions du Seuil, 287 pages.

DUMONT, René,
« Signification du non-développement », *Le développement*, Paris, CIHEAM, 1972, p. 15-17, Options Méditerranéennes, n°11, en ligne sur : https://om.ciheam.org/om/pdfr11/CI010718.pdf

DZAKA KIKOUTA Théophile et MILANDOU Michel,
Entrepreneurs et Entreprises en Afrique, 1994. EMMANUEL, Arghiri, (1969),
L'échange inégal, Paris, Maspéro, 1969.

JUDET, Pierre et PERRIN, J.,
« Transfert de technologies et développement », in P. Judet, Ph. Kahn, A.-C. Kiss, J. Touscoz (sous la direction de), *Transfert de technologie et développement, Journées d'études internationales sur les transferts de technologie et le développement*, 1-2 octobre 1976, Université de Dijon, Institut de relations internationales, Dijon, Paris, Librairies techniques.

KEYNES, John Maynard,

La pauvreté dans l'abondance, Paris, Gallimard, 2002, 308 pages.

LA FONTAINE, Jean de, (1668),

La cigale et la fourmi, Paris, Gallimard, 1995,

LA SAINTE BIBLE :

Ecclésiaste

MEMMI, Albert, (1985),

Portrait du colonisé Portrait du colonisateur, Préface de Jean-Paul Sartre, Paris, Gallimard, Première édition 1957.

MORIN Edgar, RABHI Pierre et LAFAY Denis, (2021), Frères d'âme, L'aube Eds De, 172 pages.

NEWCOMBE, Ken,

« Prospective et politique technologiques : l'exemple de la Papouasie-Nouvelle-Guinée », in *Revue Internationale des Sciences Sociales (R.I.S.S.)*, Volume XXXIII, n°3, 1981, pp. 540-553.

PENOUIL, Marc, (1979),

Socio-Economie du sous-développement, Paris, Précis Dalloz,664 pages. PNUE,

Le forum Mondial sur l'Environnement et le Développement. Mazingari, N° 3 / 4, 1977, Oxford : Pergamon Press.

RICARDO, David,

Principes de l'économie politique et de l'impôt, Paris, Calmann-Lévy, 1970, LXVIII-349 pages.

SAY, Jean-Baptiste, (1972)

Traité d'économie politique, Paris, Calmann-Lévy, LIII+575 pages

SCHUMPETER, Joseph, (1935),

Théorie de l'évolution économique. Recherches sur le profit, le crédit, l'intérêt et le cycle de la conjoncture, Paris, Dalloz, XI-589 pages.

SILOU, Robert, (1981),

L'aménagement de l'emploi urbain au Congo : le cas du secteur informel à Brazzaville : (études des petites activités de réparation), Thèse pour le doctorat, Sciences économiques, Sciences économiques, Bordeaux 1, 323 pages.

TONDA, Joseph, (2021),

Afrodystopie. La vie dans le rêve d'autrui, Paris, Karthala, 240 pages.

YAMBO OUOLOGUEM, (1968),

Devoir de violence, Paris, Éditions Le Seuil, 304 pages.

Édition : BoD - Books on Demand, info@bod.fr
Impression : BoD – Books on Demand,
In de Tarpen 42, Norderstedt (Allemagne)
Impression à la demande
ISBN : 978-2-3225-2142-5
Dépôt légal : Juin 2024